JN023752

ベトナム
進出・展開・
撤退の実務

投資・労働法務、会計税務

弁護士法人 One Asia 編

松谷亮・布井千博 編著

山本史・藪本雄登 著

同文舘出版

はしがき

　本書『ベトナム進出・展開・撤退の実務—投資・労働法務、会計税務—』をお手に取っていただき、誠にありがとうございます。本書は、日本企業がベトナムに進出する際に必要となる法令・実務に関する情報を平易な形で概説したものです。

　近年、日本企業のグローバル展開が拡がっています。その中でも、東南アジアの新興市場として注目を集めるベトナムは、豊富な若年の労働者層、政治的安定性や、その経済成長率の高さから、多くの日本企業が進出先として選ぶ国となっています。筆者自身がベトナムで弁護士として働くことになったきっかけも、こうしたベトナムの勢いに可能性を感じたからです。

　しかしながら、ベトナムでの事業展開は一筋縄ではいきません。特筆すべき点としては、外資企業として対応が必要となる許認可を含めた行政手続の煩雑さです。法令や税制の不透明さに加えて、当局の運営も場当たり的なことが多いため、とにかく時間と手間がかかる、スケジュール通りに手続を進めることが難しい、ということは、現在では広く知られているベトナムの課題です。こうした課題を乗り越えるためには、ベトナムの法令・実務について特にその基本的な内容や考え方を理解することが不可欠です。

　本書では、ベトナムの法制度の概要から、具体的な企業設立手続、企業運営、労務、会計税務制度の概要に至るまで、実務に役立つ情報を網羅しています。さらに、日本企業が直面する可能性のあるトラブルや、それに対する解決策についても可能な限り解説しています。これにより、ベトナムでのビジネスをスムーズに進めるための一助となることを目指しました。

　執筆にあたっては、ベトナムに長年在住し、現地の法務に精通した弊所のメンバーの意見や、実際にベトナムでビジネスを展開している日本企業の事例を参考にしています。これらの情報は、今後ベトナム進出を検討される企業の皆様の参考になるのではないかと思っております。

最後に、この書籍の企画・出版にご尽力いただいた同文舘出版の大関様、有村様に深く感謝申し上げます。

　今後益々の発展が期待されるベトナムと日本の架け橋になるべく、本書が皆様の今後の事業展開やベトナムでのビジネス活動に役立つことを願っております。

2024年5月

松谷　亮

第2章

ベトナムの税務・会計制度

第5章

ベトナムにおける会社運営

第6章

ベトナムでの資金調達・担保

第7章

ベトナムのM&Aに関する法規制

第8章

ベトナムの人事・労務

第9章

ベトナムの不動産法

第10章

ベトナムの個人情報保護法

第11章

ベトナムの知的財産法

第12章

ベトナムからの撤退

第13章

ベトナムの紛争解決

ベトナム法律凡例

法律カテゴリ	法律／政令／決定／通達	法律／政令／決定／通達番号	制定年
ベトナム憲法	ベトナム憲法	―	2013
ベトナム民法	ベトナム民法	Law No.91/2015/QH13	2015
国会組織法	国会組織法	Law No.57/2014/QH13	2014
人民裁判所組織法	人民裁判所組織法	Law No.62/2014/QH13	2014
会計法	会計法	Law No.88/2015/QH13	2015
	2020年政令132号	Decree No.132/2020/ND-CP	2020
	2020年決定345号	Decision No.345/QD-BTC	2020
	2021年通達45号	Circular No.45/2021/TT-BTC	2021
企業法	2005年企業法	Law No.60/2005/QH11	2005
	2020年企業法	Law No.59/2020/QH14	2020
	2013年政令219号	Decree No.219/2013/ND-CP	2013
	2015年政令78号	Decree No.78/2015/ND-CP	2015
	2021年政令1号	Decree No.01/2021/ND-CP	2021
	2022年通達12号	Circular No.12/2022/TT-NHNN	2022
投資法	2005年投資法	Law No.59/2005/QH11	2005
	2014年投資法	Law No.67/2014/QH13	2014
	2016年投資法	Law No.03/2016/QH14	2016
	2020年投資法	Law No.61/2020/QH14	2020
	2008年政令29号	Decree No.29/2008/ND-CP	2008
	2015年政令60号	Decree No.60/2015/ND-CP	2015
	2018年政令82号	Decree No.82/2018/ND-CP	2018
	2021年政令31号	Decree No.31/2021/ND-CP	2021
	2023年政令122号	Decree No.122/2021/ND-CP	2023
金融機関法	2019年政令88号	Decree No.88/2019/ND-CP	2019
外国為替管理規則	外国為替管理規則	Ordinance No.28/2005/PL-UBTVQH11	2005
	2023年通達8号	Circular No.08/2023/TT-NHNN	2023
競争法	競争法	Law No.23/2018/QH14	2018
	2019年政令75号	Decree No.75/2019/ND-CP	2019
証券法	証券法	Law No.54/2019/QH14	2019
	2012年政令58号	Decree No.58/2012/ND-CP	2012
	2020年政令155号	Decree No.155/2020/ND-CP	2020
	2020年通達96号	Circular No.96/2020/TT-BTC	2020
	2020年通達116号	Circular No.116/2020/TT-BTC	2020
商法	商法	Law No.36/2005/QH11	2005
	2013年政令52号	Decree No.52/2013/ND-CP	2013
	2016年政令7号	Decree No.07/2016/ND-CP	2016
労働法	2012年労働法	Law No.10/2012/QH13	2012
	2019年労働法	Law No.45/2019/QH14	2019
	2013年政令49号	Decree No.49/2013/ND-CP	2013
	2020年政令145号	Decree No.145/2020/ND-CP	2020
	2020年政令152号	Decree No.152/2020/ND-CP	2020
	2023年政令70号	Decree No.70/2023/ND-CP	2023
	2015年通達23号	Circular No.23/2015/TT-BLDTBXH	2015

雇用法	雇用法	Law No.38/2013/QH13	2013
社会保険法	社会保険法	Law No.58/2014/QH13	2014
	2018年政令143号	Decree No.143/2018/ND-CP	2018
出入国法	ベトナム国民の出入国に関する法律及びベトナムにおける外国人の入国・出国・乗り継ぎ・居住に関する法律の条項の一部を改正・補足する法律	Law No.23/2023/QH15	2023
知財法	2005年知的財産法	Law No.50/2005/QH	2005
	2009年知的財産法	Law No.36/2009/QH12	2009
	2019年知的財産法	Law No.42/2019/QH	2019
	2022年知的財産法	Law No.07/2022/QH15	2022
	2018年政令22号	Decree No.22/2018/ND-CP	2018
個人情報保護法	2023年政令13号（PDPD）	Decree No.13/2023/ND-CP	2023
電子取引法	2005年電子取引法	Law No.51/2005/QH11	2005
	2023年電子取引法	Law No.20/2023/QH11	2023
サイバーセキュリティ法	サイバーセキュリティ法	Law No.24/2018/QH14	2018
	2022年政令53号	Decree No.53/2022/ND-CP	2022
土地法	2013年土地法	Law No.45/2013/QH13	2013
	2024年土地法	Law No.31/2024/QH15	2024
	2023年政令10号	Decree No.10/2023/ND-CP	2023
	2023年オフィシャルレター3382号	Legal Document No.3382/2023/BTNMT-DD	2023
住宅法	2014年住宅法	Law No.65/2014/QH13	2014
	2023年住宅法	Law No.27/2023/QH15	2023
	2015年政令99号	Decree No.99/2015/ND-CP	2015
	2021年政令30号	Decree No.30/2021/ND-CP	2021
不動産事業法	2014年不動産事業法	Law No.66/2014/QH13	2014
	2023年不動産事業法	Law No.29/2023/QH15	2023
	2022年政令2号	Decree No.02/2022/ND-CP	2022
教育法	教育法	Law No.43/2019/QH14	2019
民事訴訟法	民事訴訟法	Law No.92/2015/QH13	2015
破産法	破産法	Law No.51/2014/QH13	2014
PPP	PPP法	Law No.64/2020/QH14	2020
	2018年政令63号	Decree No.63/2018/ND-CP	2018

・毎年2度開催される国会（6月国会、11月国会）において、法令の制定、改正が実施
・憲法【最上位規範】
・法令（Law, Luật）【国会による】
・政令（Decree, Nghị định）【中央政府による】
・決定（Decision, Quyết định）【中央政府／関係省庁による】
・指示（Directive, Chi thị）【中央政府／関係省庁による】
・通達（Circular, Thông tư）【関係省庁による】
・オフィシャルレター（Legal Documents, Công văn）【個別事案の照会に対する当局による公式な行政文書】

ベトナム用語

略語	英文名称	日本語名称
APA	Advance Pricing Agreement	事前確認制度
BCC	Business Corporation Contract	事業協力契約
BLT	Business License Tax	事業登録税
CIT	Corporate Income Tax	法人税
ENT	Economic Needs Test	経済需要審査
EPE	Export Processing Enterprises	輸出加工企業
ERC	Enterprise Registration Certificate	企業登録証明書
FCT	Foreign Contractor Tax	外国契約者税
IRC	Investment Registration Certificate	投資登録証明書
PDPD	Decree on Personal Data Protection	ベトナム個人情報保護政令
PE	Permanent Establishment	恒久的施設
PIT	Personal Income Tax	個人所得税
TRC	Temporary Residence Card	一時滞在許可証
UPCoM市場	Unlisted Public Companies Market	未上場公開株取引市場
VAS	Vietnam Accounting Standard	ベトナム会計システム
VAT	Value Added Tax	付加価値税
VND	—	ベトナムドン

ベトナム省庁・機関

日本語名称	英語名称
科学技術省	Ministry of Science and Technology
計画投資局（DPI）	Department of Planning and Investment
ベトナム国際仲裁センター（VIAC）	Vietnam International Arbitration Centre
国家証券委員会（SSC）	State Securities Commission
国家知的財産庁	Intellectual Property Office of Vietnam
天然資源環境局	Department of Natural Resource and Environment
登記機関	National Registration Agency for Secured Transaction
農業農村開発省農作物生産局植物品種保護事務所	Plant Variety Protection Office, Department of Crop Production, Ministry of Agriculture and Rural Development
労働傷病兵社会省（MOLISA）	Ministry of Labour, Invalid and Social Affairs
労働総同盟（VGCL）	Vietnam General Confidential of Labour

※ベトナム法令における項目見出しは以下のとおりベトナムでの表記に合わせています。ベトナムではアルファベットは5番目がd（デー）となり、f, j, w, zは使われません。
　abcddeghikl
※本書において「現在」とは、2024年3月時点の情報を指します。

序 _章

ベトナムへ
企業が進出する理由

1　国土の特徴

　ベトナムは、東南アジアのインドシナ半島東部に位置する社会主義国家です。国土は南北に細長く、国土面積は33万1,236平方キロメートルで日本の約88％、人口は約9,946万人（2022年統計年鑑）で日本の約79％です。日本よりも一回り小さな国、とイメージされるとよいのではないでしょうか。

　国土が南北に細長いことや、主食がコメであること、国民の宗教観も、緩やかに仏教を信仰しつつ、クリスマスを盛大に祝ったり、祖先崇拝があったりと、日本人に近いため、日本・日本人と親和性のある国・国民といわれます。

2　ベトナムの政情・外交

　1945年9月2日に独立した後、ベトナム戦争と南北統一を経て、現在はベトナム共産党一党支配による社会主義政策が続き、政情は安定しています。共産党書記長（共産党最高指導者）、国家主席（大統領）、首相（政府の長）の3人の首脳によるトロイカ体制という集団指導体制によって、5年ごとに、共産党大会において国家方針・政策が定められます。各地方を統括するのが「人民委員会」であり、63ある省・中央直轄市（日本の都道府県に相当）及び、その下位の行政区分にそれぞれ存在しています。

　ベトナムは、1986年のドイモイ政策導入以降、1995年東南アジア諸国連合（ASEAN）加盟、1998年アジア太平洋経済協力（APEC）加盟、2007年世界

貿易機関（WTO）加盟など、市場経済制を取り込み、市場を大きく開放しながら、経済発展を続けています。また、ベトナムは、国際的な経済連携にも積極的で、日本をはじめとする二国間、多国間協定を多数締結しています。2015年には、環太平洋戦略的経済連携協定（TPP）[1]にも加盟しています。

　現在、ベトナムは172か国と外交関係を有し、55の二国間投資協定を締結、約165か国・地域と経済・貿易関係を有しています。日本とベトナムは1973年に国交を樹立しています。

3　ベトナムの経済概況

　2002年から2007年（WTO加盟年）までは平均7％超の高成長を続け、2008年のリーマンショックでやや低迷したものの、近年では7％前後の成長率まで回復しています。

　外国資本を呼び込むために「外国投資法」が施行されたのは、ドイモイ政策が始まった翌年の1987年であり、本法による対外開放政策の効果により、1996年、ベトナムへの外国直接投資（FDI）認可額は約86億USDと過去最高を記録します（第1次ベトナム投資ブーム）。1997年のアジア通貨危機をきっかけにベトナム投資も収束しますが、その後、政府が法整備や優遇税制導入、工業団地開発などを進めて投資環境を改善させたことで、2005年から第2次ベトナム投資ブームが始まり、2007年のWTO加盟を経て2008年に再びピークを迎え、FDI認可額は約717億USDに達します[2]。

　しかし、リーマンショック後の2009年にはその3分の1まで激減しました。2010年、2011年も減少傾向が続いたものの、翌2012年より回復基調になり、2019年には約380億USDと復調してきています[3]。2020年は、コロナウイルス

1　現在の環太平洋パートナーシップに関する包括的及び先進的な協定（CPTPP）。

2　https://mof.gov.vn/webcenter/portal/ttpltc/pages_r/l/chi-tiet-tin-ttpltc?dDocName=MOFUCM095331

3　https://fia.mpi.gov.vn/Detail/CatID/f3cb5873-74b1-4a47-a57c-a491e0be4051/NewsID/944d566b-fb6f-457d-a025-de823c02785f

による影響で鈍化したものの、コロナ禍を経て、再び投資先として注目を集めています。

外国企業のベトナム進出ばかりでなく、地場企業も近年急成長しているほか、国営企業の民営化（株式化）の動きも進んでいます。

なお、通貨はベトナムドン（VND）が使用されています。

4 ベトナム進出のメリット

東南アジア、特にメコン諸国の中では、①比較的整ったインフラ、②平均年齢31歳と若く豊富で安価な労働力、③勤勉な国民性、④日本との良好な関係性などを背景に、日本の製造業の進出が堅調です。また、ベトナム政府がIT業界の発展に力を入れていることから、IT業界の発展は目覚ましく、世界各国のIT企業がベトナムへ進出してきています。IT業界に関しては、人件費等のコスト面よりも、優秀な人材が豊富であるという点に着目してベトナム事業を展開する外資企業が多いようです。またASEANではインドネシア、フィリピンに次ぐ第3位の人口を有しており、今後の消費市場としても非常に大きな注目を集めています。

ベトナムのイオンモール

　FDIについて、認可額ベースでは、まだ製造業への投資が多く47%を占めますが、不動産やサービス業への投資も増えつつあり、外国企業による直接投資のほか、ベトナム企業に出資する形での進出も増えています。

　日本国外務省領事局政策課が発表した、「海外在留邦人数調査統計（平成30年要約版）」によると、海外に拠点を置く日系企業数でベトナムは全体の6位、ASEANに限定すると、タイ、インドネシアに次いで3位となっています。

　上記の特徴を持つベトナムで、日本企業が進出する際に知っておくべき実務・法務について、以降の章で説明していきます。

ベトナムのニトリ・無印良品

第 1 章

ベトナムの法体系

第1 | 概要

1　ベトナム法の沿革

　ベトナムは、旧フランス領であったことの影響から、フランス法の残滓がベトナム法の中に一部見られるものの、その後に社会主義国家となった関係で、旧ソビエト連邦の影響を受けた法制度（中国と同様の社会主義法）となっています。また、近年では、西側諸国から法整備支援を積極的に受け入れて、特に経済法や先端的な法律分野においては、西側諸国と大差のない法律制度が整備されています。日本も、1994年の法務省によるベトナムに対する法整備支援に始まり、1996年には国際協力機構（JICA）による政府開発援助（ODA）が開始され、法務省、最高裁判所及び日本弁護士連合会の協力の下、民法や民事訴訟法の立法支援のほか、裁判官や弁護士などの司法人材教育を含めたベトナムへの法整備支援を継続して実施してきています。

　もっとも、ベトナムにおける法整備はまだまだ途上段階にあります。法令等それ自体の矛盾や上位規範と下位規範との不整合など、全体として法体系が未完成である状況にあります。こういった事情から、法運用の面において担当行政官の裁量が幅を利かせており、地域や担当官によって運用に差異が

生じるなど、実務上不安定な面が残っています[1]。この点をもって、ベトナムは「法の支配」ではなく「人の支配」がなされている、といわれることがあります。

2　ベトナムの法体系

　ベトナムでは、憲法が最高の法的効力を有する国家の基本法と位置付けられており、その他あらゆる法令文書は憲法に符合していなければならず、政府の各機関及び全人民は憲法を擁護する責任を有するとされています（ベトナム憲法119条）。

　ベトナム憲法においては、様々な事項が法令に定められるとされており、毎年2度開催される国会（6月国会、11月国会）において、法令の制定、改正が実施されています[2]。もっとも、ベトナムの法令は内容が漠としたものとなっていることが多く、その細則は、中央政府から政令（Decree, Nghị định）として制定され、関係省庁がそれらについてさらに詳細に定める決定（Decision, Quyết định）、指示（Directive, Chỉ thị）、通達（Circular, Thông tư）などを発出します。それぞれの序列は、本文記載順のとおりで、憲法が最上位規範で通達が最下位規範となります。これ以外にもオフィシャルレター[3]（Legal Documents, Công văn）が発出されることがあります。オフィシャルレターは、特定の事案／問題に関する法解釈についてどのような判断がなされるかを当局に照会した結果、公式に出される行政文書のことです。あく

1　ベトナムでは、法令が曖昧な形で規定されている例が多いところ、当局は、曖昧な規定について規制を広く適用する方向に解釈する傾向があります。極端な場合には、法律に書かれていること以外はすべて認められないという解釈がなされる可能性もあります。そのため、法律で禁止されていないから規制がなされていない、という楽観的な解釈を行うことは推奨されません。

2　近時の傾向として、重要な法令は、5年から10年のスパンで、その期間中に出されたその他の規範を含める形で大幅に改正されています。実際に、2021年1月1日に発効した2019年労働法は、旧法である2012年労働法時代に公布されていた政令・通達などの内容を多く含んでいます。

3　オフィシャルレターは、行政組織が発出する行政文書です。問い合わせから回答までに2～3か月程度、場合によってはそれ以上の時間がかかるほか、回答結果が「法律ではこのように規定されています」という曖昧な回答がなされることもあるため注意が必要です。

まで個別事案に対する回答という形式が採用されている行政文書ですが、実務上、同種の事案解決における一定の指針になるものとして取り扱われています。以前は、法令で定めるよりも厳しい条件が政令や通達などの下位規範で定められることが多く、序列に反するという批判が多くなされていましたが、近年では、序列に沿って法令等の優劣関係へ配慮した法整備が実施されるようになっています。

3　ベトナムの統治機構

　ベトナム憲法上、国家の最高権力機関は国会とされています（ベトナム憲法69条）。国家主席（国家元首）・政府・地方政府（人民評議会及び人民委員会）・司法機関（裁判所及び検察院）は、国会に対して責任を負っているため、国会の下に行政機関及び司法機関が位置付けられているのが特徴的です[4]。国家権力は統一されており、立法・行政・司法の三権は各国家機関に配分されて協働関係にあります（ベトナム憲法2条3項）。日本が三権を分立し、権力相互を抑制しているのと比較すると、ベトナムの統治機構は、国会を中心とした組織構造となっていることがわかります。

　ベトナムの統治機構の特色は、共産党が国家と社会の指導勢力として憲法上も明記されている点（ベトナム憲法4条）と、国家統治の方式として民主集中制を採用している点（ベトナム憲法8条1項）です。これらの規定は、旧ソビエト連邦の統治機構に倣ったもので、共産党の一党独裁や、中央集権制の根拠となる重要な概念です。

　民主集中制とは、党の組織原理として発達した概念で、「党の指導機関は党員の民主的な討論と選挙によって選出される。党の秩序では、個人は組織に従い、少数は多数に従い、下位レベルは上位レベルに従い、地方は中央に従う。」という原則です（**図表1-1**）。

4　例えば、刑事裁判においては、検察官は裁判官と同じ壇上に座っています。日本において裁判官が壇上に鎮座し、弁護人と検察官が当事者として裁判を進めるという光景と比べると、その違いが見えてきます。

【図表1-1】国家・地方機関概略図

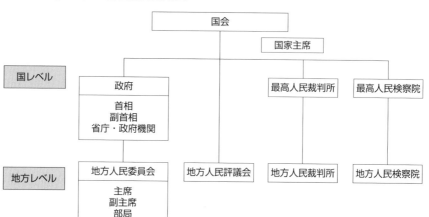

第2 | ベトナムの司法制度

1　ベトナムの司法制度の概要

　本章第1の3で記載したとおり、ベトナムの統治機構は、国会を中心とした共産党の一党独裁体制が取られた組織構造を採用しています。このため、司法権は独立したものではなく、政治的な影響を受けるほか、憲法、法律等の解釈権は、国会常務委員会に与えられています（ベトナム憲法74条2項）。つまり、裁判所は違憲立法審査権を含む、法令の解釈を行う権能を有しておらず、法令の適用を行うのみとなります。

　ベトナムの訴訟はこれまで、公開を原則としながらも、判決は公開されておらず、また、2014年に人民裁判所組織法が改正されるまでは、裁判はあくまでも個別の事案の解決を行うものとされており、日本のように先例の拘束性は認められていませんでした。このため、訴訟を起こしても、どのような判決が出されるのかを予想するのが難しい状況でした。

2 判例制度と判決の公開

　上記のように政治的な影響を受けることによる汚職のリスクや裁判官のレベル自体が高くないことから、商事紛争の解決の場としても敬遠されがちなベトナム国内での裁判ですが、近年、ベトナムでは2015年に最高人民裁判所による判例制度[5]、2017年に判決の公開制度[6]が創設され、裁判所の判決の統一性や予測可能性を強化しようと取り組んでいます。公開されている判例は現在70件[7]であり、内容として疑義が生じるものもあるため、実務において参照できるレベルには達していません。

　なお、「判例」ではないものの、過去事例として刑事、民事、婚姻・家族、経営・商事、行政、労働、破産宣告の決定、行政処分の適用決定という分類で、およそ117万5,000件が公開されているため、ベトナムで訴訟を実施する際、一応の参考には利用可能なものも存在しています。

第3 | 課題と今後の展望

1 法の未整備

　上記のとおり、各国の支援の下、ベトナムにおいて法整備支援が継続していますが、それでも法令等の不完全な体系（法令等の相互の不整合性、上位法令と下位法令の序列の不遵守）は依然として多く存在しています。このため、現場の行政官に裁量が与えられ、解釈・運用の曖昧さが残ってしまうこ

5　本制度は、同様の事件は、同様の判決が下されるべきとの考えの下、各裁判所から判例とすべき判決や決定が最高人民裁判所へ提出され、判例とすべきかどうかをパブリックコメントなども考慮して検討し、採択されたもの判例として公表されるという仕組みとなっています。

6　https://congbobanan.toaan.gov.vn/ で2023年7月末時点で約117万5,000件の判決が公開されています。事件名や判決番号等で検索できますが、検索性は良くありません。

7　公開されている判例は、最高人民裁判所のウェブサイト（http://anle.toaan.gov.vn）で確認できます（ベトナム語のみ）。

ととなります。ベトナムの今後の課題の1つとして、法を整備し、現場の行政官に不要な裁量を与えることなく、解釈・運用を明確にする、ということが挙げられます。

2　行政官の未熟さ

現場の行政官の教育・経験不足ということもベトナムにおける法体系が不安定な要因の1つに挙げられます。いくら精緻な法整備を行い、法令間の整合性を担保したところで、それを実際に運用する行政官が未熟で、統一的な法の解釈・適用ができないのでは、引き続き実務運用は不安定となるため、当局、地区、担当者によらず、全国で統一的な解釈・運用がなされることが必要です。

また、このような状況においては、行政官に解釈の裁量を残してしまうこととなります。そのような裁量を個々の行政官が有してしまっていることで、贈収賄、汚職のリスクが高くなってしまっていることも問題といえます。

3　裁判所の機能不全

政治的影響を受けること（汚職リスク）、裁判官のレベルの低さ、判例が先例として機能するというレベルには達していないこと、また、公開される判決・決定も限定的であることなどから、ベトナム国内での裁判が紛争解決手段として外国投資家が選択しにくいという点も問題です。現在は国内仲裁や国際仲裁が紛争解決の手段として多用されていますが、このような解決方法は費用がかかり、当事者の紛争解決を妨げる結果となる可能性があります。安価で透明性が高く、公正な裁判所による紛争解決が可能となれば、外国投資家は安心してさらなる投資を実施可能になるといえるため、ベトナム国内の裁判所の機能不全は長期的に改善していくべき課題といえます。

4　まとめ

　上記に見てきたとおり、ベトナムの法体系は未だ発展途上にあるといえます。各国による法整備支援についても、今後は法律の整備だけにとどまらず、さらに行政官、裁判官の能力を高める方向での対応が要求されてくると考えられます。

　日本の法務省においてもこれらの支援を実施しており、例えば2015年4月からは、協力機関に首相府を加え、「2020年を目標とする法・司法改革支援プロジェクト」が実施されました。同プロジェクトでは、それまでの起草支援、実務改善支援に加え、法令の整合性を確保することなどを目的とした支援や、法曹三者（裁判官、検察官及び弁護士）が刑事訴訟法の運用上の課題について共同活動を行うといった、新たな活動が行われました。さらに、2021年1月から、新たに共産党中央内政委員会が協力機関に加わり、「法整備・執行の質及び効率性向上プロジェクト」が開始されました。同プロジェクトは、ベトナムにおける法・司法改革の促進と国家の国際競争力の強化に寄与するため、法規範文書制度の質及びその効果的な執行が国際標準に照らして向上することを目的として、各協力機関が自ら最優先課題を選定し、それらをワーキンググループ形式で研究・討議することを活動内容としています[8]。

8　法務省法務総合研究所国際協力部ベトナム「活動紹介・成果紹介」より
　http://www.moj.go.jp/housouken/houso_houkoku_vietnam.html

コラム

公開される判決・決定と非公開とされる判決・決定

　ベトナムにおいて公開される判決・決定は次のものに限られています。

・刑事、行政、民事、婚姻・家族、経営、商事、労働事件で控訴・異議申し立てのない第一審判決、控訴審判決、監督審及び再審決定

・法的効力を有する民事非訟事件の解決決定及び再審の決定

・破産宣告の決定、破産手続きの開始決定及び異議等に対する決定

・裁判所における行政処分措置の適用に関する決定

　また、以下の判決・決定については、非公開で行われるものとされています。

・政府が規定する国家機密に該当する内容を含むもの、あるいは、国が未だ公表しておらず、開示されることでベトナム社会主義共和国に危険をもたらす内容を含むもの

・未公開の金融投資活動や職業上の秘密、技術に関する情報を含み、経営上使用できかつアドバンテージを生み出すもので、訴訟の過程で関係当事者より秘密にするように請求がなされたもの

・一定の地域、民族、コミュニティにおいて広く認知、適用されている、伝統的文化、風俗、良習慣に悪影響を及ぼす内容を含むもの

・訴訟の当事者が18歳未満であるもの

・（判決公開の規則に従って匿名化されていない）個人・家族の秘密に関する内容を含むもの。

　このように、公開裁判が原則である日本の司法制度とは異なり、ベトナムでは、一部のみ公開がなされるという形の制度設計となっています。様々な背景があるにせよ、裁判手続の透明性を確保し、裁判所の信頼を高めるためには、日本のように裁判を公開とすることを原則とすべきとも考えられます。

第 2 章

ベトナムの税務・会計制度

第1 ベトナムの税務制度の概要

1 ベトナムの主な税制

　主なベトナムの税制について、法人税（Corporate Income Tax：CIT）、日本でいうところの消費税に相当する付加価値税（Value Added Tax：VAT）や、個人所得税（Personal Income Tax：PIT）といった日系企業にも馴染みがあるものに加えて、外国契約者税（Foreign Contractor Tax：FCT）というベトナム独特のものが存在しています。FCTは、外国人又は外国法人がベトナムの個人又はベトナム法人との間で契約を締結し、ベトナム国内で行われたサービスの対価に対して課せられる税金とされています。日系企業には馴染みがない税制であるため、ベトナム国内に所在するグループ会社と取引のあるベトナム国外の会社は、計算及び申告納税方法をよく理解しておく必要があります。なお、ベトナムにおける主要な税制は、**図表2-1**のとおりとなっています。

【図表2-1】 ベトナムにおける税の種類とその概要

税の種類	概要
法人税 Corporate Income Tax：CIT	法人の所得に対する税金 ・総所得から損金等を控除した額が課税対象となり、標準税率20％。一部の事業や地域で免税・減税等の優遇税制があります。 ・四半期ごとに予定納税を行い、課税期間終了日から90日以内に年次確定申告する必要があります。
個人所得税 Personal Income Tax：PIT	個人の所得に対する税金 ・滞在期間にかかわらず、ベトナム源泉の所得があれば納税義務が生じます。居住者には全世界所得に対して5〜35％の累進課税、非居住者にはベトナム国内源泉所得に対して20％の税率が適用されます。 ・四半期ごとに申告・納税し、居住者は課税期間終了日から90日以内に年次確定申告する必要があります。
付加価値税 Value Added Tax： VAT	日本の消費税に相当する、物・サービスの取引に課される間接税 ・税金負担者は最終消費者ですが、申告・納税義務は企業にあります。標準税率10％。売上に対するVATから仕入に対するVATを控除した後の金額を申告・納税する「控除方式」を採用する企業がほとんどで、四半期の申告・納税のみ必要となります。
外国契約者税 Foreign Contractor Tax：FCT	ベトナム国外の法人・個人がベトナム国内の法人・個人にサービスを提供した際に課される税金 ・VAT部分とCIT部分とで構成され、税率はサービスごとに異なり、技術支援やロイヤルティ、親子ローンの利息等が課税対象となります。 ・ベトナム側が支払った日から10日以内に申告・納税が必要となります。

2　優遇税制

　外資企業の投資を積極的に誘致している流れで、ベトナムでは国の発展に寄与すると考えられる業種（例えば、製造業、ITなど）、または地域（例えば、工業団地、輸出加工区、ハイテクパークなど）について、法人税、関税、土地使用料の減免等の優遇措置が設けられています。投資優遇分野及び地域については、投資法及び2021年政令31号によって規定がなされています。投資優遇分野については2021年政令31号付録Ⅱにおいて、また、投資優遇地域

には2021年政令31号付録Ⅲにおいて確認可能です[1]。なお、過去には輸出加工企業（Export Processing Enterprises：EPE）に対して法人税の優遇措置が取られていたり、経済区に入居している企業に個人所得税の減免措置が取られていたりしていました[2]が、現在これらは撤廃されています。

3　税務申告・税務調査

　法人税の確定申告は、各企業の会計年度に従って、年次で実施されます。また、四半期ごとに法人税の予定納税をする必要があり、各四半期末から30日以内に仮納付する必要があります。

　税務調査は、数年に1度、会社ごとに実施されます。外資企業の場合は5年に1度程度の頻度で調査が入るとされ[3]、CIT、VAT、PIT、及びFCTのいずれも税務調査の調査範囲に含まれています。

4　移転価格税制

　移転価格税制（Transfer Pricing：TP）とは、一般に海外の関連企業との取引価格を通常の価格と異なる金額に設定し、一方の利益を他方に移転することによる所得の海外移転を防止するため、海外の関連企業との取引が、通常の取引価格で行われたものとみなして所得を計算し、課税する制度をいいます。例えば、ベトナム現地法人と日本の本社との間での取引が、関連当事者取引として移転価格税制の適用を受けることとなります。

1　2021年政令31号はJICAによって和訳されており、以下のウェブサイトより確認可能です。
https://www.jica.go.jp/Resource/project/vietnam/021/legal/ku57pq00001j1wzj-att/legal_31_2021_ND-CP.pdf

2　2008年政令29号によって経済区内の労働者の個人所得税が50%減免される措置が取られていましたが、2018年政令82号によって当該措置が削除されました。本改正以前に当該減免措置による恩恵を受けていた日系企業に対する措置を対象外とすべく、関係各所を通じた折衝がなされましたが、結局、ベトナム財政相は、そのような例外措置を取らない旨のオフィシャルレターを出しました。

3　あくまで外資企業に対する税務調査の一般的傾向であり、設立から10年ほどの企業であっても、一度も税務調査を受けたことがないという事例もあります。

　ベトナムでは、移転価格税制については、2020年12月に施行された2020年政令132号に定められています。政令132号は、日本同様、経済協力開発機構（OECD）の移転価格ガイドライン及び税源浸食と利益移転（Base Erosion and Profit Shifting：BEPS）の概念と原則に基づき、ベトナム独自の変更がなされています。なお、移転価格の事前確認制度について2021年通達45号によって定められています。

　2020年政令132号は、移転価格調整やロイヤリティー等のグループ間費用の損金算入の可否について当局が検討を厳格化する形で旧政令が改正されたものであり、2020年政令132号の施行後、ベトナムにおける税務当局からの移転価格に関する調査が増加しています。2020年政令132号は、直接または間接に25％以上の持分を通じて他の企業に対して支配力を有するとみなされる企業等について適用されますので、例えば日系企業がベトナム子会社との間で取引を行っている場合に問題となり、追徴税、支払い遅延利息等が課されることとなります。移転価格税制の概要については日本貿易振興機構（JETRO）より詳細なレポートが公開されております[4]。

　ベトナムにおける移転価格税制のうち特に重要なものとして、移転価格文書の作成が挙げられます。文書作成免除規程[5]に該当しない限り、事業者は、関連者間取引が移転価格税制の観点から問題がないかを記載した文書（ローカルファイル）、最終親会社が作成したグループ全体の移転価格ポリシーなどを記載した文書（マスターファイル）、及びグループ企業の財務情報などを記載した文書（国別報告書）という3つの文書を作成・保持し、税務当局

4　レポートは以下のウェブサイトから閲覧可能です。
　　https://www.jetro.go.jp/ext_images/world/reports/2022/02/a683f5b09e89116c/hcmpf_report.pdf。

5　次のいずれかの条件を満たす場合、移転価格文書の作成は免除されます。
　　ⅰ）会計年度の総所得が500億VND未満であり、課税年度の関連当事者取引の総額が300億VND未満
　　ⅱ）ベトナム当局との事前確認制度（Advance Pricing Agreement：APA）に基づき合意書を提出し、年次報告している
　　ⅲ）事業内容が単純であり、売上高2,000億VND以下、かつ利払い前・税引前・減価償却前利益（EBITDA）比率が流通業で5％以上、製造業で10％以上、加工業で15％以上である。

の要請に応じてこれらを提出する必要があります。

文書提出を行わなかった場合、税務当局は企業に対して罰金を含む罰則を科し、みなし課税所得に基づいて税金を算定し、独自の計算と方法に基づいて利益率を算出して課税をすることとなります。過年度だけでなく、将来においても指定された利益率を税務上は適用しなければならなくなる点で、非常にインパクトが大きく注意が必要です。

また、移転価格の取り決めに関する情報開示も必要です。関連当事者との関係、取引情報、使用した移転価格算定方法などを年次税申告書とともに税務局へ提出する必要があります。

5　租税条約

日本とベトナムにおける租税条約（所得に対する租税に関する二重課税の回避及び脱税の防止のための日本国とベトナムとの条約、以下「日越租税条約」）が1996年1月1日から発効しています。日越租税条約は、二重課税の回避、脱税の防止を主な目的としており、日本側が課す所得税、法人税及び住民税と、ベトナム側が課すCIT、PIT、FCTなどが対象となっています。二重課税の排除規定や、恒久的施設に関する規定、短期滞在者の所得税に対する免税措置などがその主な内容とされています。

日越租税条約によれば、例えばベトナム居住者が日本とベトナムとでそれぞれ収入を得ている場合には、ベトナムにおいて全世界所得を対象として個人所得税を納付する必要があるところ、日本側で納付した税金分についてベトナムにおいては納める必要がないこととなります。もっとも、ベトナム側で免除措置を求めるためには租税条約の適用を申請し、税務署から承認を受ける必要があるので、書類を揃えるのが大変であったり、処理に時間がかかったりする関係で、気軽に使えるような制度とはなっていないのが現状です。

以下、ベトナムにおける主要な税制、税金の計算方法、納付期限その他実務上の留意点などを紹介します。

第2 ｜ **法人運営にかかわる税**

1　法人税（CIT）

（1）税率

　内資・外資を問わず、ベトナム法に従って設立された企業及び外国法人のうち、ベトナムに恒久的施設（Permanent Establishment：PE）を有するものには、標準税率として課税所得の20％のCITが課せられます[6]。

　特定の分野、地域、プロジェクト規模の投資プロジェクトについては、免税、減税、優遇税率（17％、15％、10％）など税制上の優遇措置が適用されます[7]。

（2）課税所得の計算方法

　課税所得は、総所得（（収入－損金算入可能費用）＋株式・持分、土地、固定資産の譲渡などの所得）から非課税所得[8]と繰越欠損金を控除して計算されます。

　損金算入可能費用とは、生産・事業活動に関連して直接発生する費用であって、インボイス等の証跡を備えているものをいいます[9]。接待交際費について、会食費については認められますが、ゴルフコース代などは、事業に直接関連するものではないとして損金への参入が認められません[10]。

6　例外として、石油、ガス、その他の貴重な資源の探査と採掘のための税率は、32％から50％の間で変動するものが課せられます。

7　税制上の優遇措置を含む外資奨励に関する詳細は、JETROのウェブサイト（https://www.jetro.go.jp/world/asia/vn/invest_03.html）に詳しい記載があります。こちらご参照ください。

8　農水産業・畜産業及びこれに関連する事業から生じた所得や、寄附金など。

9　2,000万VND以上の経費を損金算入するためには、銀行振込証憑が必要となります。現金での支払いの場合には、損金算入ができないため、注意が必要です。

10　損金不算入費用については、JETROのウェブサイト（https://www.jetro.go.jp/world/asia/vn/invest_04.html）に詳しい記載があります。上記ウェブサイトの法人税4．b損金不算入費用の項目に添付されたファイルをご参照下さい。

　繰越欠損金は、ベトナムで損失が発生した翌年から最長5年間、継続的に繰り越すことができます。なお、不動産譲渡による損失については、同様の活動から生じる課税所得に対してのみ控除可能です。

（3）課税年度

　課税年度は、特別な許可がない限り、暦年を使用する必要があります。事業者は、申告内容又は税務局によって定められた金額に基づき、四半期ごとに予定納税を実施し、課税期間終了日から90日以内に年次確定申告を実施することとなります。

　予定納税額が確定額より少ない場合には、不足分を確定申告日から10日以内に支払う必要があります。逆に、確定額が予定納税額より少なかった場合は、次期の法人税から超過納税分を控除することが可能です。

（4）その他税務上必要となる手続

　ベトナムで事業を実施する際、法人税に関して税務局に対して税コード及び電子インボイスの登録手続が必要となります。

　ベトナムでは、契約書を締結したり、インボイスを発行したりする際に、企業登録証明書（Enterprise Registration Certificate：ERC）に記載される企業コード（税コード）の記載が求められます。企業法に基づいて設立される一般企業の企業コードと税コードは同じ番号になります。

　また、ベトナムでは、インボイスを適切な証憑として使用するため、すべて電子インボイス（E-invoice）形態で発行する必要があります。そして、電子インボイスを発行するためには、税務局に対して自社の電子インボイスを登録する必要があり、いくつかのテンプレートから任意のものを選択して登録を進めることとなります。

2　付加価値税（VAT）

　ベトナムでは、日本における消費税に相当するものとして、標準税率10%のVATが課せられます[11]。その他、税率が0%、5%の取引及び非課税取引が存在しています。

　事業者は、課税対象となる財及びサービスの取引時に顧客からVATを徴収し（以下「売上VAT」）、購入時にVATを支払います（以下「仕入VAT」）。

　納税額の計算方法は、控除方式（インボイス方式）及び直接方式の2つがあります。多くの事業者は、控除方式を採用しています。

　　a）控除方式：納付税額＝売上VAT－仕入VAT
　　b）直接方式：納付税額＝販売・サービス等の付加価値額（売上価格から
　　　　　　　　　仕入価格を引いた金額の合計×税率（事業によって1%～
　　　　　　　　　5%の範囲で異なる））

　納税者は、月次で翌月20日までに、VATの申告・納付を行う必要があります。ただし、設立後12か月未満又は前年の売上が500億VND以下の事業者は四半期での申告が可能であり、翌四半期の30日までに申告・納付を行うことが可能です。

3　個人所得税（PIT）

（1）居住者要件

　ベトナム源泉所得が発生した場合、ベトナム人・外国人を問わず、ベトナムにおいてPITが課せられます。

　PITの課税税率は、居住者と非居住者で分けられており、以下の基準に当てはまるものが居住者となり、それ以外が非居住者として取り扱われます。

11　景気対策として時限を設けて税率が8%などに軽減されることがあります。

ベトナム居住者要件は以下のとおりです。

①暦年又は最初の入国日からの連続する12か月間で合計183日以上ベトナムに滞在している

②次のいずれかの場合によって、ベトナムに常住している。

　a）永住許可証または一時滞在許可証によって常住が記録されている

　b）90日以上の期間の住宅賃貸契約を締結している

　上記のほか、ベトナムに居住地がある場合であって、1年間の滞在日数が183日未満であり、かつ、ベトナム以外の国の居住者であることを証明できない場合も、居住者と判断されます。

（2）課税対象所得と税率

　ベトナム居住者に対する個人所得税は、全世界の課税所得額に対して、賞与その他の手当を含む給与所得（以下「給与所得」）については5％から35％の累進税率、法人の資本や株式や不動産の譲渡価格などその他の所得については一定の税率を乗じて計算されます（個人所得税＝課税所得×税率）。例えば日本で受け取る給与や家賃収入など、全世界の課税所得額が対象となる点に注意が必要です。

　居住者の個人所得税率の詳細及び主な控除項目は**図表2-2～2-4**のとおりです。

　非居住者の個人所得税率は**図表2-5**のとおりです。ただし非居住者のPITについては、二重課税防止条約の規定が適用される可能性があります。なお、非居住者に所得税控除は適用されません。

【図表2-2】給与所得に対するPIT税率

月間課税所得※	税率
500万VND以下	5%
500万VND超1,000万VND以下	10%
1,000万VND超1,800万VND以下	15%
1,800万VND超3,200万VND以下	20%
3,200万VND超5,200万VND以下	25%
5,200万VND超8,000万VND以下	30%
8,000万VND超	35%

※一定の旅費・交通費や駐在員の子の学費など、課税対象外の所得が存在します。

【図表2-3】その他の所得（主要なもの）

所得の種類	税率
事業所得	0.5%- 5%（業種により異なる）
キャピタルゲイン	5%
会社資本の譲渡	純利益の20%
株式の譲渡	譲渡価額の0.1%※
不動産の譲渡	譲渡価額の2%
賞金その他一時所得、相続・贈与	10%（1,000万VNDを超える部分）
著作権、フランチャイズなどによるロイヤルティ	5%（1,000万VNDを超える部分）

※株式の譲渡に対する税率が極めて低いため、株式会社に土地使用権や不動産の所有権を帰属させた上で譲渡を実施することで所得税額を安くすることが可能です。

【図表2-4】主な所得税控除項目

個人控除	1,100万VND／月
扶養者控除※1	440万VND×該当者／月
社会保険料控除	社会保険料／月
慈善、人道、奨学基金への寄付※2	寄付金額

※1　海外赴任者の場合、「扶養者」に配偶者は含まれず、原則「子供」のみが控除対象となります。また、控除を受けるためには、税務当局への登録が必要となります。
※2　当局により認定された機関に対するものに限られます。

【図表2-5】非居住者の個人所得税率

所得の種類	税率
給与所得	20%
事業所得	・物品販売：1％ ・サービス提供：5％ ・その他：2％
キャピタルゲイン	5%
会社資本の譲渡	譲渡価額の0.1%
株式の譲渡	譲渡価額の0.1%
不動産の譲渡	譲渡価額の2%
著作権、フランチャイズなどによるロイヤルティ	5%

（3）申告・納税

　給与所得に対するPITについて、事業者が従業員の当月の個人所得税の申告・納付を翌月20日までに、または四半期ごとに翌四半期の初月30日までに実施する必要があります。一般的には、中小事業者については四半期のPIT申告・納付、大規模事業者は、毎月のPIT申告・納付を選択している例が多いようです。

　海外給与所得に対するPITについては、四半期ごとに、翌四半期の初月30日までに従業員自身で申告・納付する必要があります。従業員自身で実施することは困難な場合がほとんどですので、別途事業者側で会計・税務事務所をアサインし、従業員のサポートを行う必要がある点には留意が必要です。

　その他の所得については、その所得の種類によって申告・納税時期が異なり、通常はその所得を受け取った時に申告・納税します。

　上記に加えて、年次確定申告を課税年度終了後90日以内に提出する必要があります。なお、PITの課税年度は暦年となります。

（4）家賃を個人負担とするか会社負担とするか

　ベトナムにおいて従業員の家賃を負担する方法として、住宅手当として支給する方法と、事業者が住居のオーナー等と賃貸借契約を締結して家賃を直

接支払う方法の2つが考えられます。

　住宅手当として支給する場合、全額が従業員の給与所得として課税対象となりますが、事業者が直接支払う場合、従業員の給与所得に加算される家賃支払額は総所得の15%までに制限され、超過部分については給与所得計算から除外されます。事業者が直接支払った方が、結果として駐在員の課税所得を減らし、手取り金額を増やすことができるという結果となるため、細かな話ではありますが、従業員の家賃を負担する際には、上記を考慮することが推奨されます。

4　外国契約者税（FCT）

　ベトナム国外の法人・個人（以下「外国契約者」）がベトナム国内の法人・個人にサービスを提供した際には、FCTが課されます（海外送金税といわれることもあります）。

　申告方法は、自己申告方式・直接方式・ハイブリッド方式と3種類ありますが、一般的には、ベトナムサイドが代金を支払う際に源泉徴収を実施し、外国契約者に代わって申告納税を実施するという直接方式が採用されています。課税対象取引及び税率は**図表2-6**のとおりです[12]。

　取引ごとに税率が異なるため、例えば、サービスを伴う物品販売とサービス一般などの区別は明確とはいえないため、実際の取引がいずれに該当するか、慎重に検討する必要があります。また、サービス一般については、ベトナムサイドのためのものか（ベトナムで消費され、ベトナムに所在する者に提供されるサービスか）どうか、という観点からFCT課税の対象かどうかが判断されます。非常に抽象的で判断が難しいケースも多いため、現地専門家に相談しながら対応することが推奨されます。

　申告・納税は、ベトナムサイドが代金を支払った日から10日以内に実施す

12　VAT部分については、契約金額＋CIT税額にVAT税率を乗じて計算されます。CIT部分については、契約金額にCIT税率を乗じて計算されます。

【図表2-6】 主なFCT課税対象取引と税率

対象取引	みなしVAT率	みなしCIT率
サービスを伴う物品販売	免除（ただし輸入時にVATを支払う）	1%
サービス一般、機械・設備のリース	5%	5%
保険	5%（ただし一部の保険は免除）	5%
商標使用のロイヤリティー、レストラン、ホテル、カジノ管理サービス	5%	10%
金融派生商品（デリバティブ取引）	免除	2%
建設・据付（資材・機械設備の供給を伴わない）	5%	2%
建設・据付（資材・機械設備の供給を伴う）、運輸サービス、運輸サービス	3%	2%
航空機、航空機エンジン、航空機及び船舶の部品のリース	免除（ベトナムで製造できないものについて）	2%
有価証券及び譲渡性のある預金の譲渡、海外への再保険、再保険手数料	免除	0.1%
利息	免除	5%
ロイヤリティー（商標使用のロイヤリティーを除く）	免除	10%

る必要がありますが、税務局に申請し承認を受ければ、月次での申告納税とすることも可能です。

5　事業登録税（BLT）

　事業者は、定款記載の資本金額[13]に応じて毎年1月30日までに事業登録税（Business License Tax：BLT）を納付する必要があります。BLTは、営業許可税ともいわれます。

　BLTの金額は、**図表2-7**のとおりです。

13　個人事業主については年間の売上金額に応じてBLTが課されます。外国人が個人事業主としてベトナムで事業を実施することは認められていないため、紹介を割愛します。

【図表2-7】資本金額ごとのBLTの金額

資本金額	BLT
100億VND超	300万VND
100億VND以下	200万VND
支店、駐在員事務所、事業拠点その他の事業者	100万VND

　申告の期限は、会社を新しく設立する場合は、投資登録証明書（Investment Registration Certificate：IRC）とERCの発行日から30日以内に申告を行うことになります。なお、当初申告をした額から変更がない場合、翌年以降の申告は不要となります。

　納付期限は、毎年1月30日までです。申告が不要となるケースでも、納税は毎年行わなければならないという点には注意が必要です。

第3 | ベトナムの会計制度

1　ベトナムの会計システム

　ベトナムでは、会計法に基づき、ベトナム会計基準とベトナム会計システム（Vietnam Accounting Standard：VAS）に従って取引を記録することが義務付けられており、日本のように企業が会計基準を選択することはできません。

　VASは、国際財務報告基準（IFRS）をベースに作成されてはいるものの、ベトナム独自の内容となっており、法律、政令のほかにも、財務省の通達などによって変更がなされています[14]。

　VASの特徴的な点として、日本とは異なり、財務省が提供する勘定科目コード表に従った勘定科目と勘定コードを使用しなければならないことが挙

---

[14]　ベトナム政府は、他のIFRS適用国との会計処理の格差を是正するため、2025年までにIFRSをベースにし、ベトナム経済に適したVASに代わるベトナム財務報告基準の策定を進めています。

げられます。外資企業の現地法人は、連結の際に会計基準が異なると問題になるため、VASに加えて、親会社が参照する目的で、IFRSに基づくものを作成している場合もあります。なお、現在ベトナムではIFRS又はそれと同等の基準をベトナム所在の企業に適用することを計画しており、適用に向けたロードマップが公表されています（2020年決定345号）。本ロードマップによれば、2026年以降はIFRSがベトナム所在の企業にも強制的に適用されることとなっています。

2　会計年度

　会計年度を企業が自由に選択できる日本とは異なり、ベトナムにおける会計年度は、原則として暦年（1月1日から12月31日まで）となります。ただし、税務当局へ届出を実施することで、3月、6月、9月末を決算日とすることも可能です。なお、最初または最後の事業年度が90日未満である場合、その期間を次の事業年度または前の事業年度と合わせて1つの事業年度とすることが可能です。

3　会計帳簿・財務諸表

　貸借対照表、損益計算書、キャッシュフロー計算書などは、原則としてベトナムで作成する必要があります。ただし、ベトナム語を併記すれば、外国語で記載することも可能です。なお、会計帳簿及びそれに直接的に関連する書類については、会計年度末から10年間保存する必要があります。

　会計帳簿・財務諸表に使用する通貨の単位は、原則としてVNDです。EPEなど、取引の多くが外貨で行われている場合、事前申請によって、外貨使用が認められる場合もあります。ただし、当局に提出する財務諸表はVNDに換算する必要があります。

4　会計監査

　外資企業は、独立会計監査法人による年次財務諸表の監査を受け、監査報告書を決算日から90日以内に税務局、統計局などに提出する必要があります。内資企業は会計監査を受ける必要がないという点が特徴的です[15]。

5　チーフアカウンタント制度

　ベトナムの会計制度で特徴的なものとして「チーフアカウンタント（会計主任）」制度が挙げられます。チーフアカウンタントとは、一定の実務経験を得てチーフアカウンタント認定コースを受講し、認定試験に合格することで得られる資格です。各企業は、チーフアカウントの資格を持つ者をチーフアカウンタントとして任命し、会計部門を管理し、決算書等に署名する会計責任者とする必要があります。なお、チーフアカウンタントの資格は、資格要件として、最低２年以上の実務経験、大学や専門学校でのトレーニング及び試験に合格することで取得可能であり、取得難易度は高くないといわれています。

　したがって、本資格を保有しているからといって、必ずしも会計のスキルが高いわけではなく、実際に日系企業のうち、特に上場企業が求める能力を有するチーフアカウント有資格者はベトナムに多くないため、実務上は、外部の会計事務所のスタッフなどにチーフアカウンタントとなってもらっている例が多いです。

　設立初年度の企業は会計担当者を任命すればチーフアカウンタントを置く必要はありませんが、設立２年目からはチーフアカウンタントの資格を持つ者を任命する必要があります。なお、自社で雇用することは必須ではなく、

15　内資企業では外部監査を受ける必要がないことから、二重帳簿（税金を減らすために利益を圧縮したものと、外部に対して自社の見栄えをよくするために整理されたもの）が作成されることが極めて多く注意が必要です。

チーフアカウンタントの採用について会計事務所に委託することも可能です。

コラム

ベトナムの「コンプライアンス」事情

　街を歩けば信号を無視し、歩道を走行するバイクの大群、自社の従業員の遅刻は日常茶飯事で、勤務中に堂々と私用を行い、役所に申請すれば法定期限内に終わることはなく、場合によっては袖の下─ベトナムとは、かように人々の規則を守るという意識が低く、不正や癒着が蔓延している国─日本人には、ベトナムに対して、漠然とこのような認識を持っている人もいるでしょう。ベトナムは、「2023年世界腐敗認識指数（CPI）」[i]においても、世界180か国・地域中83位と、近年順位を上げてきてはいるものの、依然として腐敗の少なくない国と認識されています。

　しかし、当地と足掛け20年かかわっている筆者からすると、ベトナム人は皆さまが想像するよりも規則をよく守る国です。

　過去、ヘルメットの着用が全面義務化された日には、ほとんどの人が、その日から素直に従い、コロナ禍では公共の場でのマスク着用令も厳しく守られ、非着用率は、当地に住む外国人の方が高い印象を受けるほどでした。

　進出日系企業からは最近、「コンプライアンスセミナー」開催の依頼を受けることも多く、対象は、一般従業員、ベトナム人管理職、日本人管理職と様々ですが、労働法や汚職（賄賂）防止といった、比較的、身近な法令をテーマとして扱うと、Ｑ＆Ａの時間にベトナム人から次々と質問が上がり、予定の時間をオーバーすることもざらであり、彼らが決して規則というものに無関心というわけではないことがわかります。

　一方で、当地で働く日本人からは、「（ベトナムなので）カネしだいでどうにでもなる」「うちはコネがある、裏ルートを知っている」といった発言を聞いたり、見切り発車で事業に着手し、その後、外資規制があったり、サブライセンス等が必要なことがわかって、事業を大幅に軌道修正した、取りやめた、というような話もよく聞きますし、セミナーの例でも、ベトナム人のあいだで闊達な議論に発展することが多い一方で、日本人管理職は沈黙するケースも多いです。

　一般に、規則を守るという意識がベトナム人は低いことは確かですが、それは「規則を守るつもりがない」ということではなく、基本的な規則・法律を知らなかったり、「守るべき規則」に対する認識が、日本人とベトナム人とで違うことに起因することも多いように感じます。

　自社のコンプライアンス意識を高めたいなら、「ベトナムだから、、、」という意識をまず捨てて、社会人として、自社の従業員として当たり前に守らなければならない規則をしっかりと周知し、そして守ることを習慣化させていくことが大切なのかもしれません。

ⅰ）世界の汚職を監視する非政府組織（NGO）Transparency Internationalによる。日本は20位。

ベトナムの牛

伝統美術

第 3 章

ベトナムの投資制度

第1 | 概要

　1986年12月に「ドイモイ」（刷新／Đổi Mới）政策を打ち出したベトナム政府は、翌1987年に外資を呼び込むための「外国投資法」を制定し、外国からの投資誘致に本格的に取り組み始めました。

　対外開放政策の効果により、ベトナムへの対外投資金額（認可額ベース）は1996年に約86億USDに達します（第1次ベトナム投資ブーム）[1]。1997年のアジア通貨危機をきっかけに、ベトナム投資も収束傾向になりますが、その後、ベトナム政府が法整備と優遇税制の導入、さらには工業団地開発に力を入れることで投資環境が大きく改善し、2007年のWTO加盟を経て2008年に約717億USDのピークに達します（第2次ベトナム投資ブーム）[2]。リーマンショック後の2009年には3分の1まで激減しますが、2012年頃より回復基調になり、2022年には277億USD[3]に達しています。

1　みずほリポート「ベトナム投資ブームは再来するか」2004年1月5日発行

2　https://www.viet-jo.com/news/economy/090624033630.html

3　2022年のデータは外国投資家による新規、追加投資、出資持分・株式の取得登録を含む。
　https://tapchicongthuong.vn/bai-viet/fdi-dang-ky-moi-nam-2022-tang-du-an-giam-so-von-101864.htm

第2 │ **外資規制の枠組み**

1　外資規制の国際協定と国内法概要

　ベトナムの外資規制は大きく、ベトナムが国際組織や諸外国と締結した国際協定と、ベトナム国内法である「投資法」の2つで規定されています。

　外資規制に関係する国際協定としては、最も代表的なものに、ベトナムが2007年にWTOへ加盟するにあたって誓約した、サービス分野の市場開放計画である「WTOコミットメント」[4]が挙げられます。

　市場開放へのコミットメントは、上記のほかにも各種の自由貿易協定（FTA）などに規定されています。ベトナムは、ASEAN自由貿易地域（AFTA）、日本・ベトナム経済連携協定（VJEPA）、環太平洋パートナーシップに関する包括的及び先進的な協定（CPTPP）、EU・ベトナム自由貿易協定（EVFTA）、東アジア地域包括的経済連携（RCEP）など、様々な多国間／二国間FTAを締結しているので、ベトナムへの投資を実施する国によって様々な協定の利用可能性を検討することができます（**図表3-1**）。

【図表3-1】ベトナムが締結済の多国間／二国間FTA

ASEANとして	多国間／二国間
・AEC（ASEAN経済共同体）	・CPTPP
・ASEAN－インド	・RCEP
・ASEAN－韓国	・ベトナム－チリ
・ASEAN－香港	・ベトナム－EU
・ASEAN－日本	・ベトナム－韓国
・ASEAN－中国	・ベトナム－ユーラシア経済連合（EAEU）
・ASEAN－オーストラリア／ニュージーランド	・ベトナム－日本

出所：https://trungtamwto.vn/fta

4　「協定」や「条約」ではなく、コミットメントというもので、外資規制にかかる最も重要な国際的な取り決めの1つに位置付けられます。

2　投資法・証券法

　ベトナム国内法である「投資法」は、1987年に「外国投資法」が施行されて以降、数年おきに改正がなされており、現在は、2020年投資法が2021年1月1日から施行されています。以降では、2020年投資法での改正点について触れながら、説明していきます。

　幾度も改正されてきた「投資法」ですが、以前は外国投資と内国投資それぞれについて法律があったところ、これらの法律を一本化した2005年投資法と、条件付きでベトナムへの投資を認める業種を267業種具体的にリストアップするなどした2014年投資法が、実務に大きな影響を与えた法令といわれています。

　現行法である2020年投資法は、2014年投資法の運用上の課題を補足・修正する側面が強く、2014年投資法と同様に国内投資家・外国投資家に共通して適用される条件と外国投資家にのみ適用される条件とに分けて規定されています。

　投資法の他、ベトナムの公開会社をM&Aする際には、証券法に基づく外資規制も存在しています。外資規制の説明を含む、ベトナムの公開会社をM&Aする際の注意点に関しては、第7章において詳述していますので、そちらをご参照ください。

3　外資規制

　2020年投資法は、外資規制として新たに、外国投資家に適用される市場アクセス分野・業種と市場アクセス条件に関する規定を導入しました。これにより、投資法上の外資規制は、従来からの内外投資家に適用される経営投資禁止分野及び条件付経営投資分野に加えて、外国投資家に適用される市場アクセス制限分野が加えられることになりました。また、市場アクセスに関する外国人投資家に対する投資制限については、いわゆるネガティブリスト方式が採用され、投資制限リストに掲げられていない事業分野・業種について、

外国投資家は内国投資家と同じ市場アクセス条件が適用されることになります（2020年投資法9条1項）。

　外国投資家に経営投資が禁止されている分野・業種、及び、条件付きでしか経営投資ができない分野・業種については、2021年政令31号付録1で「外国投資家による経営投資が禁止される分野・業種」（外国投資家による市場アクセスをまだ認めない分野・業種）として25分野・業種、「外国投資家が条件付きで市場アクセスできる分野・業種」（外国投資家が条件付きでしか経営投資できない分野・業種）として59分野・業種がリストアップされています。市場アクセス条件の内容については、国家投資情報ポータル[5]において集約され、一覧することができます（2021年政令31号18条）。

　この他に、事業の実施を禁止する分野・業種（経営投資禁止分野）と条件付きで事業の実施を認める分野・業種（条件付経営投資分野）をリストアップする形式で、投資規制が行われています。この経営投資禁止分野（2020年投資法6条）と条件付経営投資分野（2020年投資法7条）は、内国投資家、外国投資家のどちらにも共通して適用される規定となります。

　経営投資禁止分野については**図表3-2**のとおりです。

【図表3-2】経営投資禁止分野

a）麻薬物質に関する事業
b）2020年投資法付録Ⅱで定める各種化学物質、鉱物に関する事業
c）絶滅のおそれのある野生動植物の種の国際取引等に関する事業
d）売春事業
đ）人身、人の身体組織、肉体、部分、胎児の売買
e）人の無性生殖に関連する事業
g）爆竹事業
h）債権回収事業

5　CỔNG THÔNG TIN QUỐC GIA VỀ ĐẦU TƯ (National Investment Information Portal: https://vietnaminvest.gov.vn/SitePages/List_View.aspx?ChuyenMuc=3)

　条件付経営投資分野は、「国防、国家安全保障、社会の秩序・安全、社会道徳、公衆衛生上の理由により、当該分野・業種について経営・投資活動を実施するにあたって、必須条件に適合しなければならない分野・業種」と定義され、2020年投資法付録Ⅳにおいて、228業種が規定されています[6]。当該業種数は、2014年投資法で267、その2016年一部改正法で243であったところ、「フランチャイズ」、「物流サービス」、「海運貨物運送代理サービス」などが削除され、逆にいくつか追加されたものも含めて、現在の業種数となっています。

　これらの「条件」は、法定資本金額を設定するもの、必要な人的・物理的施設等を設定するものなど、業種によって、多様なものとなっています。これらの条件は、個別の政令等で詳細に定められているため、具体的な適用条件を確認する作業に多大な労力を要します。国家企業登記ポータル[7]上で条件の概要は取りまとめられていますが、適時にアップデートされていなかったり、英語版では参照不能となっているため、国家企業登記ポータル上での確認はあくまで概要のみとし、実際の検討にあたっては、法令の改正がないかどうかをいま一度確認する必要があります。

　現状のところ、外国投資家による経営投資が禁止されていない分野であっても、外国投資家による経営投資を明確に認める法令が存在しない場合には、ケースバイケースでの判断となります。

4　外資規制の対象

　外資規制の対象となる投資家は、当然のことながら、外国投資家です。外国投資家には、ベトナムに投資をする外国人（外国籍を有する個人）と外国

6　条件付き経営投資分野の業種一覧は、JICA翻訳版2020年投資法56ページ以下をご参照ください。
　　JICA翻訳版2020年投資法（https://www.jica.go.jp/project/vietnam/021/legal/ku57pq00001j1wzj-att/investment_law_2020.pdf）
　　なお、条件付き経営投資分野は2022年に1業種追加されて228となっています。

7　Cổng thông tin quốc gia về đăng ký doanh nghiệp（National Business Registration Portal）
　https://dangkykinhdoanh.gov.vn/en/Pages/default.aspx

法人（外国の法令に基づいて設立された法人等）が含まれます。

　これら以外にも、外国投資家が出資するベトナム企業（外国投資企業）も外資規制の対象となります。外資規制の対象となる外国投資企業は、次の要件のいずれかに該当する企業です（2020年投資法23条1項）。

① 　外国投資家が定款資本の50％超を保有する有限責任会社または株式会社、または外国投資家が合名社員の過半数を占める合名会社
② 　①の企業が定款資本の50％超を保有する有限責任会社または株式会社
③ 　外国投資家及び①の企業が定款資本の50％超を保有する有限責任会社または株式会社

　簡単にいえば、①は外資子会社、②と③は外資孫会社に相当します。

　上記の外国投資企業に外資規制が適用されるのは、企業の設立、企業への出資、事業協力契約（Business Corporation Contract：BCC）による投資の場合です。逆にいえば、上記の外国投資企業に該当しなければ、企業の設立や出資に際しては、内国投資家として扱われることになります（同条2項）。このような外資規制の在り方を利用して、外国投資家の出資割合を50％以下に抑えて、内国投資家としての立場を利用するという投資戦略も検討の余地があります。

5　外資規制の検討方法

　新たな投資法の下での具体的な外資規制の検討手順は以下のとおりになります。まず、外国投資家に適用される国際条約において、投資分野についてどのような合意があるのかを検討し、当該投資分野への外国投資家の参入が認められているか、あるいは参入に条件が定められていないかをチェックします。日系の投資家にとっては、WTOコミットメントや日越投資協定などが重要な投資協定になります。投資協定において市場アクセスが認められている投資分野については、ベトナムへの投資が認められます。

　国際協定において特段の合意がなされていない投資分野への投資について
は、投資法などベトナム法の投資規制に服します。その際、投資しようとす
る事業分野が市場アクセス制限分野に該当しないか、あるいは、内外投資家
に適用される投資制限分野に該当しないかを順次チェックします。外国投資
家に投資参入が認められていない市場アクセス禁止分野として、報道活動、
司法行政活動、水産物の捕獲、労働者の海外派遣サービス、世論調査、工業
所有権代理業、旅行業（外国からベトナムへの外国人旅行者への旅行サービ
スは除く）など25の事業分野が定められています（2021年政令31号付録Ⅰ
Ａ）。これに該当しない場合であっても、内外投資家にも適用される投資禁
止分野においては、投資行為が禁じられます。これには、麻薬に関する事業、
有毒物質に関する事業、絶滅危惧種の標本に関する事業、債権回収業などが
該当します（2020年投資法6条1項）。

　投資予定の事業分野が投資禁止分野に該当しない場合、条件付市場アクセ
ス分野あるいは条件付投資分野に該当しないかの検討を行います。外国人投
資家に適用される条件付市場アクセス分野として、文化的物品の製造販売、
番組・映画等の制作・配給・上映、放送サービス、金融・保険業、広告宣伝、
教育、警備サービス、不動産業、出版業、運輸サービス、Ｅコマースなど59
の事業分野がリストアップされています（2021年政令31号付録ⅠＢ）。この
リストに該当する事業分野において投資をしようとする外国投資家は、各事
業分野について定められた投資条件に服さなければなりません。市場アクセ
ス条件としては、企業における出資比率、投資形式、投資活動範囲、共同事
業者の資格などが定められていて（2020年投資法9条3項）、具体的な条件
は事業分野ごとに異なります。

　上記の市場アクセス制限に該当しない場合であっても、内外投資家に適用
される条件付投資分野に該当する場合には、その事業分野の条件に従う必要
があります。これに該当する事業分野は、現在、228分野がリストアップさ
れており、この分野に該当する事業を行おうとする内外投資家は、各事業分
野について定められた条件に従う必要があります。

　条件付市場アクセス分野と条件付投資分野は重複する部分も多く、重複する場合には、外国投資家の投資条件としては市場アクセス条件に従うことになります。

　上記の投資制限の対象となっていない分野においては、外国投資家は内国投資家と同様に投資を行うことができます。ただし、WTOコミットメントで投資が自由化されていない分野への投資は、完全に自由化されたとは言い難く、当局への照会や説明が求められる場合が一般的です。

　日系企業がベトナムの外資規制を検討する際の大まかな流れは、以上のとおりです。ただし、外資規制の検討については、ベトナム語での文献調査を含む詳細な確認が必要となるため、基本的には現地専門家に確認を依頼することを推奨いたします。

第3 ｜ 業種ごとの外資規制

　「外資規制」といっても様々な条件設定があることは上記のとおりですが、以下、筆者へ相談いただくことの多い業種を中心に、具体的に、どのような外資規制が設定されているのかをいくつか紹介します。

1　小売

　過去には外資出資比率の上限が49％までに制限されていました。WTO加盟を経て2009年1月1日から外資出資比率の上限が撤廃され、外資100％での進出・事業運営が可能になりました。

　外資企業が小売業を行うには、IRC取得とERC上の営業業種の登録とは別に、「小売業」のサブライセンスと「小売店」のサブライセンスの取得が必要になります[8]。また、2店舗目以降の出店については、原則として、出店

8　出店を伴わない場合は、「小売業」のライセンスのみでよく、「小売店」ライセンスは不要です。

ごとに、経済需要審査（Economic Needs Test：ENT）という出店審査を経なければなりません。

　なお、ベトナムは、ENTによる審査をCPTPP発効から5年後（2024年）に撤廃することを約束しています。

2　飲食

　外資100％での進出・事業運営が可能です。WTO加盟から8年間（つまり2015年1月まで）は、ホテルの建設投資・改造・買収と併せての参入しか認められていませんでしたが、この制限は撤廃されています。

　ただ、規則上は外資が参入可能となっているものの、実務上は進出が簡単な分野ではないとされ、ノミニー（名義借り）や、フランチャイズでの進出が選ばれることが多い業種です。

3　不動産

　外資100％の外資企業での進出が可能ですが、外資企業が実施可能な業務に一定の制約が設けられています。詳細は、第9章不動産法をご参照ください。

4　広告

　外資100％での広告事業の展開はできません。ただし、広告サービス事業を認められたベトナムのパートナーと合弁会社を設立することで、外国投資家が広告事業を展開することが可能です。WTO加盟時は外資出資比率の上限が51％と制限されていましたが、2009年1月1日以降上記出資比率の上限規制は撤廃されています。

5　人材サービス

　日本企業のベトナムビジネスで近年相談が多いものに人材ビジネスがあります。大きく、日本への労働者派遣（いわゆる送り出し事業）、ベトナム国内での人材紹介、人材派遣などに分類されますが、これら代表的な人材ビジネスの外資規制は次のようにまとめられます。

（1）日本への送り出し

　日本への送り出しは、労働輸出と呼ばれるビジネスとなり、100％ベトナム内資の企業しか事業を実施することができず、外資は一切事業を営むことができません。

（2）人材紹介

　古くから100％外資でも活動できる業種です。業界全体は元より、日系企業間の競争も激しく、新規参入も多い一方、撤退も多く見られます。またあくまで人材を「紹介」する形で、日本（国外）での就職を仲介している例もありますが、これが実質的な送り出しとして当局に指摘される例も見られています。

（3）人材派遣

　外資100％での進出・事業運営が可能です。ただし、「法的代表者に前科がない」「法的代表者に36か月以上の労働派遣業の業務経験がある」「会社で20億VNDの保証金を銀行に積み立てる」といった要件が設けられています（人材派遣業に設定されている要件は、外資、内資共通）。

6　電子商取引（EC）

　近年、相談が特に増えている業種として、電子商取引（EC）がありますが、

ベトナムに拠点を置かずにベトナム国外から商取引する越境ECについては、次のいずれかの条件に該当しなければ、ベトナム当局に対する登録等の必要なく商取引を実行できます（2013年政令52号67a条[9]）。

　　a）「.vn」ドメインで運営するウェブサイトである。

　　b）ウェブサイトがベトナム語で表示されている。

　　c）1年間にベトナムから10万件以上の取引がある

　越境ECビジネスが近年急成長していることで、ベトナム当局の監視の目は厳しくなっているほか、サイバーセキュリティ法上、ベトナムの通信網・インターネット網上でサービス提供する企業、及びベトナムのサイバー空間[10]上で付加サービスを提供する外国企業に対しては、ベトナム国内におけるデータ保管や、支店（あるいは駐在員事務所）の設置が義務付けられていることにも注意が必要です。

　ベトナム国内におけるECビジネスは、ECビジネスを実施することのライセンスを取得し、運営するECウェブサイトについて商工省における登録手続きをすることで100％外資企業でも事業を実施することが可能です。

第4 ｜ 投資優遇措置

1　投資優遇措置の内容

　2020年投資法では、法人税、関税、土地、及び減価償却・控除に関して投資優遇措置を定めています（2020年投資法15条1項）。具体的な優遇措置の内容は、税法や土地法などの関係法令に規定されています。

9　2013年政令52号の2021年改正により設けられた規定。

10　「ITインフラ施設の接続されたネットワークであり、通信網、インターネット網、コンピュータ網、情報システム、情報処理・統制システム、データベースを含み、空間や時間によって制限されない、人間の社会的行為の場」（サイバーセキュリティ法2条3項）と定義されます。

【図表3-3】投資優遇措置

法人税	投資プロジェクトを実行する一定期間、または全部について標準税率より低い法人税率の適用、法人税の減免
関税	固定資産とする輸入品、生産用の原料、物資、部品に対する輸入税の免除
土地	土地使用料、土地賃借料、土地使用税の減免
減価償却・控除	課税所得を計算する際の迅速な減価償却、控除可能費用の増加

2　投資優遇措置の対象

2020年投資法において、投資優遇措置の対象は、次のように定められています。

a）投資法で規定された投資優遇分野・業種[11]への投資プロジェクト。

b）投資法で規定された投資優遇地域[12]での投資プロジェクト。

c）6兆VND以上の投資プロジェクトで、投資登録証明書の発給日（又は投資方針承認日）から3年以内に少なくとも6兆VNDを支出し、同時に、次のいずれかを有するもの：収益を得た年から遅くとも3年後に少なくとも毎年10兆VNDの収益がある、または3,000人を超える労働者を雇用している。

d）社会住宅の建設投資プロジェクト。農村部で500人以上の労働者を雇用する投資プロジェクト。障害者に関する法令に従い障害者を雇用する投資プロジェクト。

d）ハイテク企業、科学技術企業及び科学技術組織。技術移転に関する法令の規定に従った移転奨励技術リストに属する技術移転プロジェクト。ハイテクに関する法令、科学技術に関する法令に従った技術育成事業、科学技術企業育成事業。環境保護に関する法令に従った環境保護についての要請に奉仕する技術、設備、製品及びサービスを生産し、供給する企業。

11　投資優遇分野・業種については図表3-4のとおりです。

12　投資優遇地域については図表3-5のとおりです。

e）創造的スタートアップ投資プロジェクト、創造的刷新センター、研究開発センター。

g）中小企業支援に関する法令に従った、中小企業の物流チェーンへの経営投資、中小企業支援技術施設、中小企業育成施設への経営投資、創造的スタートアップ中小企業のためのコワーキングエリアへの経営投資。

【図表3-4】投資優遇分野・業種

a）科学技術に関する法令に従ったハイテク活動、ハイテク補助工業製品、研究開発活動、科学技術成果物生産

b）新素材、新エネルギー、クリーンエネルギー、再生可能エネルギー生産、付加価値が30％以上ある製品、省エネルギー製品の生産

c）電子製品、重点機械製品、農業機械、自動車、自動車部品の生産、造船

d）開発優遇支援工業製品リストに属する物品の生産

đ）IT、ソフトウェア、デジタルコンテンツ製品の生産

e）農産物、林産物、水産物の養殖、加工。森林の植栽及び保護、製塩。海産物の採捕及び漁業のための物流サービス。植物、動物の種、バイオテクノロジー製品の生産。

g）廃棄物の収集、処理、リサイクル又は再利用。

h）インフラストラクチャ施設の開発・運営、管理に関する投資。各都市における公共旅客輸送手段の開発。

i）幼児教育、普通教育、職業教育、大学教育。

k）診療、医薬品、医薬品原料の生産、医薬品の保管。各種新薬を生産するための製剤技術、バイオテクノロジーに関する科学研究。医療設備の生産。

l）障害者又は専業者のための訓練、体操、体育競技施設の投資。文化遺産の保護及び活用。

m）枯葉剤の患者治療センター、老人ホーム、精神ケアセンター。高齢者、障害者、孤児、ストリートチルドレンの養護センター。

n）人民信用基金、マイクロファイナンス金融機関。

o）バリューチェーン、産業クラスターを創出、またはそれに参加する物品の生産、サービスの供給。

【図表3-5】投資優遇地域

a）経済・社会状況が困難な（特に困難な）地域

b）工業団地、輸出加工区、ハイテクパーク、経済区

　なお、投資優遇措置は、「投資法15条2項が規定する対象、投資方針承認文書（もしあれば）、投資登録証明書（もしあれば）、関係法令のその他規定に基づき、投資家は自ら投資優遇を特定し、優遇措置の種類に応じて税、財政、関税、その他関係機関において投資優遇を享受する手続を実施する」（2020年投資法17条）と定められており、自動的に付与されるものではなく手続きが必要である点にご留意ください。

第5 | 外資規制に違反した場合の影響・効果

　ここまで、外資100％の事業展開が各業種でどこまで認められるか見てきましたが、ベトナムでは、法令上、外資100％での事業展開が認められている業種であったとしても、実務上、外資企業に対してはスムーズに許認可がなされないという事例が散見されます。法令で定められた投資手続きを適切に実施しないまま、事業を進めている場合もあり、法令で定められた投資手続きを実施せず事業を実施していた場合や虚偽の申請などをしてIRCを取得する行為には7,000万から1億VNDの罰金が設定されています（2021年政令122号17条2項a）,b））。

　ベトナム人でもビジネスがしやすい業種（例えばよく挙げられるものに小売業や飲食業があります）については、国内産業保護等の観点から、審査が

13　2020年投資法では、「偽装の民事取引」に何が該当し得るのか具体的な説明はなされていません。ただし、ベトナム民法は、偽装により無効となる民事取引について、「各当事者が別の民事取引を隠蔽するために偽装して民事取引を確立した場合、偽装した民事取引は無効であり、隠蔽された民事取引が有効となる」（ベトナム民法124条1項）、「第三者に対する義務を回避するために偽装の民事取引を確立した場合、当該民事取引は無効となる」（同条2項）と定めています。

非常に厳しく行われるとされており、参入が容易でない事業については、実務上、ベトナム人名義で会社設立して事業展開する（ノミニーアレンジ）例も多くなっています。

　ところが、2020年投資法48条2項eにおいて、「投資家が、民事に関する法令に照らして偽装された民事取引に基づいて投資活動を実施する」場合に、投資登録機関が、投資プロジェクトの活動（または活動の一部）を終了させることができる、と定めており、これがノミニー規制にあたるとの解釈も成り立つところであり、今後に公布される細則等を含めて実務運用の動向が注目されます[13]

コラム

ベトナムは意外と民主的な国!?

　ベトナム共産党が一党支配するベトナムの正式な国名は「ベトナム社会主義共和国」。世界に数少ない社会主義国の1つです（世界で社会主義を採っている国は現在、中国、北朝鮮、キューバ、ラオス、ベトナムのみ）。社会主義国というと、強権的に物事がトップダウンで進められ、国民の声などほとんど聞き入れられないイメージがあると思いますが、ベトナムはどうでしょうか。

　法整備に着目すると、ベトナムでも「法律」を制定するのは国会です。ベトナムの国会議員は基本的には共産党員がなるため、「国民の声」を本当に代弁しているか、については異議もあるかもしれませんが、国会議員は「自身が選出された選挙区の人民及び全国の人民の意志、願望を代表する者であり、国会において人民に代わって国家権力を行使する者」（国会組織法21条）と役割が定義されていますので、法的に見て、ベトナム国民の代表者となります。

　国会に法案が持ち込まれるまでには、その草案作りが行われ、関係省庁間での調整が行われた上で公開され、パブリックコメントの募集がなされます（法案によってはこのプロセスが数度行われ、第4次草案、第5次草案と草案が練られる）。かつては、省庁間の調整や、パブリックコメントの募集がなされたのか、なされていないのかよくわからず、閉鎖的空間の中でいつの間にか法律ができあがっていたようなイメージがありましたが、近年は、情報公開やパブリックコメントの

募集がかなりしっかり行われるようになった印象です（法律案の草案を公開する政府の専門ウェブサイトもあります[i]）。

　さて、このようにして整備されて国会審議まで進む法案ですが、一党制のため、国会審議まで進んだ法案はほとんどの場合、国会議員の8割から9割の賛成を得て成立します。しかしながら中には、国民の反対運動によって国会審議が見送られたり、いったん成立した法律が、ほどなく改正されることもあります。

　現行の社会保険法は2014年11月に国会で成立し、2016年施行予定でしたが、2015年にある企業で始まった8万人規模のストライキを伴う反対運動により、年金の一括受給に関する制限が「制度改悪」であるとして、従前の法制度への"逆戻り"を余儀なくされました。2018年に国会で採決予定だった、フーコック島など全国3か所を"経済特区"に指定するための法案は、99年間の土地賃貸を認める規定が事実上の割譲にあたり、中国企業などに悪用されかねないといったことを理由に、全国各地で投石・放火などを伴う激しい反対運動が起きたことで、国会での採択が見送られ、現在もなお、同法案は棚上げされています。

ベトナムの国会

[i] http://duthaoonline.quochoi.vn/Pages/trangchu.aspx

第 4 章

ベトナムへの進出法務

第1 | 概要

　ベトナムへの進出を検討・実施する際には、以下のようなステップを踏むこととなります。

1　進出目的の検討

　そもそも何を目的として、ベトナムへ進出をするのかという点について検討する必要があります。

　例えば、製造工程の移管や、内需の取り込み、現地人材の獲得・育成などが挙げられますが、具体的なイメージを持ってベトナム進出の目的を設定することは、最も重要なステップといえます。目的設定にあたっては、現地に詳しい専門家との間で実務を踏まえた現実的なものとすることが推奨されます。

　上記目的検討の際に参考とするベトナムの情報は概ね、インターネットなどを通じて日本語で収集することができますが、日本語で発信されるまでには一定のタイムラグがあり、適時に更新されているわけでもありません。経済成長著しいベトナムでは、マーケット状況、物事の考え方、生活水準、給与水準等、様々なことが短期間で変化しているため、極端にいうと「半年前の情報はほぼあてにならない」ような状況であることを踏まえ、まずは現地にて情報収集を行うことを目的とすることも考えられます。

2　拠点設置の必要性の決定

　次に、拠点設置の必要性についての検討が必要となります。ベトナムへ進出するためには、現地法人の設立が必須というわけではありません。例えば、ECやインターネットを通じたサービスの提供をするのであれば、ベトナムに拠点を設置せずとも事業を実施可能です。また、事業を共同で行い利益を分配するために締結するBCCによる方法についても検討の余地があります[1]。

　進出の形態を問わず、一度拠点を設置すると、拠点の撤退には年単位の期間と対応が必要になります。そのため、進出を検討する際には、十分に情報を収集した上で、拠点設置の必要性について検討することが重要です（**図表4-1**）。

【図表4-1】拠点設置の要否及び会社形態の選択における検討プロセス

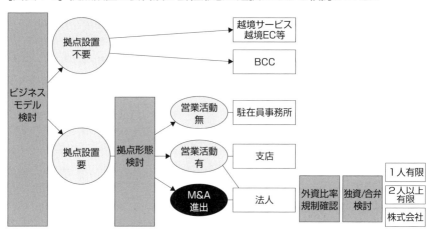

1　BCCについては、本章第2の2（1）をご参照ください。

3 外資規制の検討

現地に拠点を設置することを決定した場合、目的達成のための拠点設置が外資規制上可能かどうかを検討する必要があります。

そもそも進出が不可能な場合や、進出の際に現地パートナーとの合弁が要求され、加えて出資比率の制限がある場合など、進出の検討にあたってこの点は実務上極めて重要です。詳細については、第3章をご参照ください。

4 拠点形態の決定

進出の目的に照らして、外資規制上、問題のない形で、駐在員事務所、支店、現地法人（有限会社・株式会社）といった拠点形態を選択することとなります。現地法人については、本章第2においてそれぞれの会社形態の違いのポイントを説明しています。そのうち、特に有限会社と株式会社については、第5章において詳細に説明していますので、そちらをご参照ください。

5 会社設立・事業開始の諸手続き

上記検討の後、進出の意思決定がなされれば、いよいよベトナムにおいて会社を設立し、事業開始のための諸手続きを進めることとなります。

会社設立について、大きな流れとしては、外資企業の場合、まず、外資規制の観点から、ベトナム投資の可否について審査がなされ、問題がなければIRCが発行されます。

IRCの取得後、日本でいうところの法人登記にあたるERCの取得申請を実施し、登録がなされれば、会社の設立が法的に認められます。その後、銀行口座の開設、税務登録などの諸手続きを進めることとなります。

なお、上記が完了すれば、実際に事業が開始可能ですが、外資規制の観点から、一定の業種には、個別の許認可が必要になることがあるため、注意が

必要です[2]。

第2 | 進出形態の選択

1　法人・支店・駐在員事務所

　以下では現地に拠点を新たに設ける進出形態として、駐在員事務所・支店・法人のいずれを選択するべきかについて説明をします。

（1）駐在員事務所

　本格的に進出を検討する前に、しっかりと現地情報の収集を進めたい場合に適した形態です。法人格はなく、連絡事務所、市場調査、本社の投資・事業機会促進（広報活動）としてのみ活動可能であり、事業活動を行って売り上げを立てることはできません。活動期間は5年に限られます（延長可）。駐在員事務所を設置する企業は、母国で1年以上の活動歴が必要です（2016年政令7号9条、30条）。

（2）（外国法人の）支店

　WTOコミットメント上、銀行業、コンピュータサービス、法務サービス、管理コンサルティングサービス、フランチャイズサービス、保険サービス等の特定事業でしか外国法人による支店設立を認めていないため、これらの特定業態でのみ検討し得る進出形態となり、活動期間も5年に限られます（延長可）。営利活動を行うことは可能ですが、母国での活動歴が5年以上必要といった条件があります。支店設立が認められる業種に該当しない場合には、拠点設置は駐在員事務所か現地法人のどちらかになります。

2　このような個別の業種に対する許認可は、「サブライセンス」と呼ばれることがあります。第3章第3を参照。

　なお単語はどちらも同じですが、下記の現地法人の下部組織として設置される「支店」とは性質がかなり異なりますので注意が必要です。

（3）現地法人

　認可された業種について営利を目的とした活動ができます。主な形態として、1人の出資者が全額を出資する「一名社員有限責任会社」（Single-member Limited Liability Company）、2人以上50人未満の出資者が出資する「二名以上社員有限責任会社」（Multiple-member Limited Liability Company）、3人以上の出資者（株主）が出資する「株式会社」があります。どの形態にお

【図表4-2】ベトナムにおける法人・支店・駐在員事務所の比較

形態	駐在員事務所	支店	法人
根拠法	商法 2016年政令7号	商法 2016年政令7号	投資法 企業法
管轄省庁	商工省（商工局） 工業団地管理委員会	商工省（商工局） 専門機関（ある場合）	計画投資省 (計画投資局) 工業団地管理委員会
形態の種類	他になし	他になし	一名社員有限責任会社・二名以上社員有限責任会社・株式会社
拠点下の事業所	同一名称の駐在員事務所は1省市に1つ	同一名称の支店は1省市に1つ	1省市内に子会社・支店・営業所・代表事務所を複数設置可
母国での活動歴	母国で事業登録されており、1年以上の事業歴	母国で事業登録されており、5年以上の事業歴	母国での事業経験は原則不問（業態によって事業経験が問われる場合有）、個人でも設立可
活動期間	5年 （5年ごとの延長可）	5年 （5年ごとの延長可）	50年 （最大70年）
機関設計	制限なし	制限なし	形態によって異なる
従業員採用	自由（外国人は労働許可を取得）	自由（外国人は労働許可を取得）	自由（外国人は労働許可を取得）
実施できる業務	・連絡事務所 ・市場調査 ・本社の投資・事業機会促進（広報活動） ※営利活動できない	・認可された業務 ※営利活動できる	・認可された業務 ※営利活動できる

51

いても、個人、組織のいずれも出資者（社員・株主）になることができます。

　「有限責任会社」と「株式会社」とでは、機関設計等が異なるだけで、事業運営にかかわる際立った違いはなく、当地に進出する日本企業は親会社が単独で全額を出資する場合が多いこともあり、8～9割が有限責任会社を選択しているといわれます。日本では株式会社が一般的であることから、ベトナムの現地法人も株式会社にしたいと希望される場合がありますが、出資者の数によって形態がおのずと決まることや、上場を目指さないのであれば敢えて株式会社にする理由も特にないため、意思決定のしやすさなどを念頭に形態を検討されることが望ましいと考えられます。

2　その他の進出形態

（1）事業協力契約（BCC）

　BCC契約とは、一般に特定の業務を協力して実施することを目的として、外国人投資家とローカルパートナーとの間で締結される契約のことを指し、建設・不動産開発プロジェクトなどで利用されることが多いスキームです。

　外国企業がベトナムに法人を設置することなく[3]、事業を共同で行い利益を分配するために締結する契約ですが、投資法に基づき「投資登録手続」（IRCの発行）が必要になり、ベトナムにおける外資企業の設立手続きと同じように、BCC契約を計画投資局（Department of Planning and Investment: DPI）に登録する手続きが必要になります。

（2）M&A

　自ら会社を設立するのではなく、既存の会社を買収する方法（M&A）で進出する形態も考えられます。M&Aについては、第7章で詳しく説明を行っているため、そちらをご参照ください。

3　BCC契約に参加する当事者は調整委員会を設立してBCC契約を実行します。調整委員会の機能、任務、権限は、当事者間で合意することができます（2020年投資法27条3項）。

第3 | 会社の設立・登記手続

1 設立・登録手続の流れ

ベトナムにおける外資企業の設立手続は、概ね**図表4-3**のような流れと期間で進みます。

【図表4-3】事業開始までのフローチャート

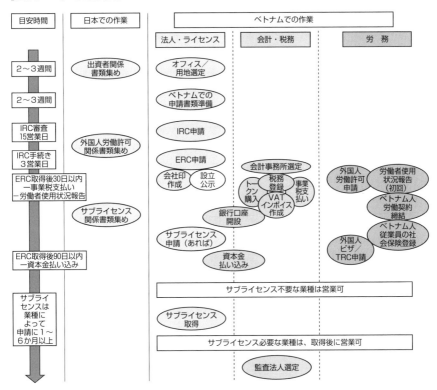

注　業種によっては、ERCの取得後、個別の許認可（サブライセンス）の取得が必要となる場合があります。

　ベトナムの行政手続きは多くの場合において、書類受理から完了までの具体的な日数が法令で定められていますが、法定期間内に終了することは稀です。

2　各手続きの内容

（1）IRC・ERCの申請

①　投資登録証明書（IRC）

　IRCは、外国投資家のベトナムに対する投資を認める証明書であり、その申請にあたっては、出資額、事業内容、投資する場所、人材採用計画、環境対策、プロジェクト設計、建設等、事業の全体的な計画を取りまとめて提出する必要があります[4]。

　申請先は、原則として投資先地方のDPIとなります。製造業などで、工業団地・輸出加工区・経済区等で事業を実施する場合は、各地方の「工業団地管理委員会」[5]が申請先になります。

　なお、環境、雇用、社会などに大きな影響を与えるプロジェクトについては、IRCの発給を受ける前に、国会、首相または省級人民委員会から投資方針承認を得る必要があります。

②　企業登録証明書（ERC）の申請

　ERCは「どのような企業であるか」を登録するもので、外資企業はIRCに基づいて、ERCの申請を行います。この際に交付される企業登録番号が、税関係の諸手続に共通して使用される番号となります。

　ERCの発行にあたって、企業登録ポータル上に、新しく会社が設立されたことが公示されます。

4　この時点で事業を実施する場所が確保されているかを示す賃貸契約書等の提出が必要になるため、カラ家賃やデポジットが発生することになります。

5　地方によって「工業団地管理委員会」「工業団地・輸出加工区管理委員会」「工業団地・経済区管理委員会」と名称は様々です。

　法令上、IRCの申請期間は、不備のない書類が受理されてから15営業日以内、ERCは3営業日以内とされていますが、実際にはIRC申請からERCの交付までに3〜4か月程度の期間を要すると想定することが望ましいです。

（2）IRC・ERC交付後に生じる諸手続

①　会社印の作成

　ERC発行後に企業が印鑑製造会社に発注します。印鑑の形式、印影は各社で自由に定めることができますが、丸印であり、会社名、企業登録番号、登記先の省・市の刻印があるものが一般的です。

　なお、従来は、会社所在地のDPI事業登録室に通知書を提出した印影は国家企業登録情報サイト上で公示されていましたが、2020年企業法の施行により2021年1月1日よりこの手続は廃止されています。

②　銀行口座開設

　資本金払い込みのためベトナム国内の銀行（日系など外国銀行の支店も可）に資本金口座や取引口座を開設します。銀行は自由に選択できます。

③　VATインボイス作成

　自社でフォームを自由に作成することができますが、管轄税務局からフォームの承認を受ける必要があります。電子インボイス形式となっています。

④　事業登録税（BLT）の納付

　ERC交付を受けた月に、初年度の税に関して管轄税務局へ申告し納税します（BLTについては第2章第2の5参照）。

⑤　外国人の労働許可証取得

　雇用者（企業）は、外国人の採用予定日の少なくとも15日前までに、本社所在地の労働傷病兵社会局に、外国人の雇用の必要性を説明する報告書（職

位、人数、専門、経験、給与、労働時間などの情報を含む）を提出します[6]。

　この承認後、雇用者は、外国人の勤務開始予定日の少なくとも15日前までに、管轄労働傷病兵社会局に労働許可証の申請をします[7]。

　書類の準備を始めてから申請完了までに2～3か月を要します。

⑥　外国人の商用／就労ビザ、一時滞在許可証申請

　外国人労働者のビザ取得のために、雇用者が外国人の入国前に公安省出入国管理局で「ビザ発給許可通知書（招聘状)」を申請します。許可通知書（許可番号）取得後に、国外のベトナム公館で商用ビザを取得します。

　外国人は商用ビザで入国し労働許可書を取得後、出入国管理局で就労ビザまたは一時滞在許可証（Temporary Residence Card：TRC）を申請することが可能です。TRCの発給を受けるとビザは免除されます。

⑦　強制保険の申告・納付

　企業と従業員は、社会保険、医療保険、失業保険への加入が義務付けられています。従業員と労働契約を結んでから30日以内に加入登録する必要があります。

⑧　チーフアカウンタント任命

　経理部門の責任者となるチーフアカウンタント（第2章参照）の任命日から10日以内に、その情報を管轄税務局へ文書で通知します。

6　2023年9月18日に施行された2023年政令70号で外国人を採用する予定の職位について、ベトナム人労働者を対象に募集をかける手続きが明記されました。外国人の採用を予定する企業は2024年1月1日から、雇用局のウェブサイト（www.doe.gov.vn)、或いは職業サービスセンターのウェブサイト上で、ベトナム人を対象に当該職位の募集を行う必要があります。

7　大学の卒業証明書や職歴を確認できる書類（在職証明書など）、警察証明（無犯罪証明書）の取得、ベトナム国内での健康診断などが必要です。

ベトナムの法曹制度について

法曹資格を得るための流れ

　ベトナムで法曹資格を得るためには、司法省により発行される法律業務許可証の取得が必要となります。法律業務許可証は、法学部の学士号を取得後、12か月間の研修期間を経て、さらに12か月間法律事務所で実務研修を行い、最終試験に合格した者に発給されます。弁護士業務を行うためには、ベトナム弁護士連合会及び居住地における省弁護士会への登録が必要です。

簡易手続（裁判官単独による裁判手続）

　ベトナムの裁判手続では、従前から、第一審における人民参審員の関与が必須とされており、裁判官1名及び参審員2名の合議体による審理が行われていましたが、事実関係に争いがないような事件であっても常に参審員を含む合議体の審理が求められることで、事件処理の長期化やコストの増大を招いているとの指摘がされてきました。そのため、ベトナム憲法制定前から、迅速かつ効率的な裁判所の事件処理を実現するために新たな裁判手続を導入する必要性が議論されてきており、2015年3月31日まで実施されていた法・司法制度改革支援プロジェクトフェーズ2（以下「前プロジェクト」）でも、短期専門家を招いての現地セミナーを実施するなどして情報提供を行ってきたところです。

　ベトナム憲法では、人民参審員の参加を原則として維持しつつ、例外として「簡易手続」による場合には裁判官単独での裁判を認め（ベトナム憲法103条1項、3項）、今回の改正では、これに呼応して「簡易手続」を導入しました。もっとも、「簡易手続」による処理を認める事件の基準、管轄裁判所などについて、起草段階や国会審議段階でも様々な意見が提示され、訴額による区分、事件の類型による区分等様々な意見が提出されていたようです。

　最終的には、事実関係が明らかであって裁判所自らが証拠収集をする必要がなく（ベトナム憲法317条1項）、当事者の呼出等にも支障がないような事件を対象と定めることとしました（ベトナム憲法317条1項、2項）。簡易手続の要件については、今後、最高人民裁判所において具体的な指針を示すことになります。しかし、当事者間の争いの有無、証拠の明白性という定性的な基準を裁判所の判

断に委ねてしまうと、被告がとりあえずは原告の主張について争う姿勢を示したりすれば簡易手続によらず処理されてしまうし、簡易迅速な処理を目指す制度としては、いささか安定しない制度設計となっているように思われます。

　また、当事者の住所が明らかであること（ベトナム憲法317条1項b号）が要件とされていることから、被告の所在が不明だが証拠上権利があることが明らかであるような事件が対象から外れてしまっており、簡易手続の適用対象としてはかなり限られてしまっているようにも思われ、将来的には今後の運用を踏まえた検討が必要でしょう。

サイゴン川

第 **5** 章

ベトナムにおける会社運営

第1 | **概要**

---

1 ベトナムにおける会社形態

　ベトナムには、株式会社、有限責任会社、合名会社の3種類の会社形態があります。これらの会社形態については、日本の会社法に相当する企業法に規定が設けられています。

（1）有限責任会社

　ベトナムの会社形態のうち最も普及しているのは、有限責任会社です。有限責任会社は、出資者が1人の場合でも設立可能で、出資者の人数が少ない企業の設立に向いています。ベトナムで設立される外資企業の多くは、有限責任会社の形態を採用しています。日本では、有限責任会社に類似した会社形態として有限会社がありましたが、2005年の日本会社法の成立に伴い、有限会社制度は廃止されました。ベトナムの有限責任会社はかつての日本の有限会社と多くの点で類似しています。ただし、ベトナムでは、大規模な国有企業も有限責任会社の形態を採用することもあり、有限責任会社であるからといって小規模であるとは限りません。

　有限責任会社は、出資者である社員の人数により二名以上社員有限責任会社と一名社員有限責任会社とに区分されます。また、一名社員有限責任会社は、個人により設立されたか、組織により設立されたかにより区分されます。

本書では、一名社員有限責任会社のうち前者を個人所有型、後者を組織所有型と呼ぶことにします。

（2）株式会社

　株式会社は、大規模な上場会社において採用されるばかりではなく、出資者の少ない小規模な会社においても採用される会社形態です。ただし、株式会社を設立するためには最低3名の株主が必要で、この点で有限責任会社よりも設立のハードルが高いといえるでしょう。株式会社では株式が発行され、株式の第三者への譲渡が認められますが、定款において譲渡制限を定めることができます。この場合、株券にも譲渡制限を示す文言が記載されるので、株式の自由な譲渡を予定していない閉鎖的な企業でも株式会社形態の採用を検討することができます。また、株式会社は種類株式を発行することもできるので、資金調達の面からは有限責任会社よりも融通が利きます。

（3）合名会社

　合名会社は、日本の合名会社と合資会社を合わせた会社形態です。合名会社の設立には最低2名の合名社員の出資が必要です。合名社員は、会社の共同経営者となり、会社の債務について無限の責任を負います。合名会社には、会社の経営に携わらない有限責任社員を加えることができます。有限責任社員は、会社の債務について出資額を限度とする有限責任を負います。合名会社には無限責任を負う合名社員が必要であることから、外資企業が合名会社の形態を採用することは皆無です。

2　法定代表者、委任代表者、会長、社長/総社長

　ベトナム企業法においては、会社の業務執行の担当者として、法定代表者、会長、社長/総社長が定められています。これらの用語は、会社形態にかかわらず共通している部分も多いので、ここで一括して説明します。なお、企

業法は、会社の経営管理層を示す概念として「会社の管理者」という語を用いています（企業法4条24項）。有限責任会社と株式会社における管理者は、会長、社長／総社長、取締役、その他の会社定款で定めた管理職が該当します。

（1）法定代表者

　日本において取締役の中から代表取締役が選定されるように、ベトナムにおいても会社を代表する者が選任されます。会社の代表者のことを、ベトナム法では法定代表者と呼びます（ベトナム民法137条）。会社の法定代表者は、会社の取引や訴訟のほか法令に規定する場合に、会社の権利行使や義務の履行について会社を代表します（企業法12条1項）。

　有限責任会社及び株式会社は、1人以上の法定代表者を選任しなければなりません。法定代表者に関しては、定款で、法定代表者の人数、管理職名（会長、社長／総社長、副社長など）、各法定代表者の権限を定めます（企業法12条2項、24条2項g号）。法定代表者の氏名は、会社設立時の登録書類に記載することが必要で（企業法21条、22条、23条）、ERCにも、法定代表者の氏名、連絡住所、国籍、身分証明書番号が記載されます（企業法28条3項）。

　法定代表者のうちの1人は、必ずベトナムに居住することが求められています。法定代表者が1人のときは、その者がベトナムを出国するに際して法定代表者としての職務権限の行使を他の者に委任する必要があります（企業法12条3項）。

　有限責任会社においては、会長（社員総会会長または会社会長）または社長／総社長を少なくとも1人、法定代表者として選任することが必要です。定款に定めがなければ、会長が法定代表者になります（企業法54条3項、79条3項）。

　株式会社においては、法定代表者が1人の場合には、会長（取締役会会長）または社長／総社長が法定代表者となります。この場合、定款に定めがなければ、会長が法定代表者になります。法定代表者が複数の場合、会長と社長／総社長は、必ず会社の法定代表者となります（企業法137条2項）。

　法定代表者は、職務の履行につき重い責任を課せられており、義務違反により企業に損害を与えた場合には、損害について個人責任を負わなければなりません（企業法12条）。

　なお、個人企業においては個人企業主が、合名会社においては合名社員が法定代表者となります（企業法190条、184条）。

（2）委任代表者

　法定代表者と混同しがちな用語として、委任代表者があります。委任代表者というのは、会社の社員や株主が組織（法人）の場合に、社員または株主に代わってその権利を行使する代理人のことを指します。例えば、日本の親会社がベトナム子会社を設立する場合、ベトナム子会社の出資者としての権利は、委任代表者によって行使されることになるのです。

　企業法は、委任代表者の選任方法、員数、代理する持分・株式数、会社への選任通知書の送付、権限、責任などにつき、詳細な規定を設けています。例えば、組織（法人）が有限責任社員の社員である場合には、組織（法人）は企業法または定款の規定に従って1人または複数の委任代表者を選任します。組織（法人）は、選任した委任代表者について会社に通知書を送付します。複数の委任代表者が選任された場合には、各委任代表者に割り当てられる持分の数も決める必要があります（企業法14条）。委任代表者は会社所有者または社員の名義で社員としての権利を行使し、社員総会に出席します（企業法15条）。

（3）会長

　ベトナムでは、会長というポストが企業法で定められています。

　二名以上社員有限責任会社の場合、会長は社員総会会長です。社員総会会長は、社員（社員が組織の場合は委任代表者）の中から社員総会により選任されます。社員総会会長は、社長／総社長の職を兼ねることもできます（企業法56条1項）。社員総会会長は、社員総会の開催について職務権限を有す

るほか、法令及び定款で定められた職務権限を有します（同条 2 項）。社員総会会長の任期は 5 年以内とされています（同条 3 項）。

　一名社員有限責任会社の場合、会長の位置付けは組織所有型と個人所有型で異なります。

　組織所有型の場合、社員総会が設置される場合には社員総会会長が選任され、社員総会が設置されない場合には会社会長が選任されます（企業法79条 3 項）。社員総会会長は、定款の定めに従い、社員総会の構成員の中から会社所有者または社員総会の多数決により選任されます（企業法80条 3 項）。社員総会会長の権限は二名以上社員有限責任会社の社員総会会長と同様です。

　社員総会が設置されない場合には会社会長が会社所有者により任命されます。会社会長は、会社所有者の各権利を行使するほか，会社の名義で会社の権利を行使し、義務を履行します。会社会長が会社所有者の権利を行使する場合には、所有者の承認が必要です（企業法81条）。

　一名社員有限責任会社で個人所有型の場合、個人所有者が会社会長になります（企業法85条 2 項）。

　株式会社の場合、会長は、取締役会が取締役の中から選任する取締役会会長を指します（企業法156条 1 項、157条 1 項）。取締役会会長は、社長/総社長を兼任することができますが、公開会社においては会長職と社長/総社長職の兼任は認められません（企業法157条 2 項）。

　取締役会会長は、会社の法定代表者になる場合が多く（企業法137条 2 項）、この場合は法定代表者として会社の業務執行を担当し、責任を負います。このほか、取締役会会長は、会社の経営中枢である取締役会を主催する権限を有します（企業法156条 3 項）。

（4）社長/総社長

　社長または総社長は、会社の日常的な業務執行を担当し、会社の最高経営責任者（CEO）、最高執行責任者（COO）または執行役員（Officer）に該当します（企業法63条、82条、85条、162条）。会社の規模により社長を複数選

任することも稀ではなく、総社長の下に複数の社長を選任することも可能です。社長／総社長は、有限責任会社の社員または株式会社の取締役である必要はなく、会社と社長／総社長の間では雇用契約が締結されます。

　社長と総社長の違いですが、法律上は職務権限に相違はなく、企業により社長または総社長のいずれの名称を用いるかを自由に決定することができます。また、会長が社長／総社長を兼ねることも認められています。

　社長／総社長の任期は、5年以内と定められています（企業法82条1項、162条2項）。

　社長／総社長の職務権限は、有限責任会社と株式会社とではほぼ同じです。以下に、代表例として二名以上社員有限責任会社における社長／総社長の職務権限を列挙します（企業法63条2項）。

　a）社員総会の決議の実施
　b）会社の日常的経営活動に関係する事項の決定
　c）会社の経営計画及び投資実施計画案の実施
　d）会社の内部管理規則の策定
　đ）会社の管理者の任免
　e）会社名義での契約の締結
　g）会社の組織機構実施計画の提案
　h）年次財政報告書の社員総会への提出
　i）利益の使用及び分配又は損失処理の実施計画の提案
　k）労働者の採用
　l）会社定款、社員総会の決議／決定、労働契約が規定するその他の権限及び義務。

第2 | 二名以上社員有限責任会社

　二名以上社員有限責任会社は、出資者である社員の数が2名以上50名以下の会社です。ベトナムで現地企業と合弁会社を設立する際に第一に考慮される会社形態です。

1　運営体制

　二名以上社員有限責任会社に設置される会社の機関は、社員総会、総会会長、社長／総社長です。このほか、会社定款に記載すれば監査役会を設置することもできます。総会会長または社長／総社長が会社の法定代表者となります（企業法54条）。

　社員総会は、二名以上社員有限責任会社の最高意思決定機関で、出資者である社員全員により構成されます。出資者が組織（法人）である場合には、組織（法人）により選定された委任代表者が組織（法人）を代理して社員総会に参加します。社員総会では、会社の経営方針にかかわる事項のほか、会社資本の増減、社債の発行、重要な資産の処分や多額の借入に関する契約の承認、総会会長・社長／総社長・監査役の選任解任、定款変更、組織再編、会社の解散などの重要な事項の決定を行います（企業法55条）。会社が社員、法定代表者、社長などと契約を締結する際も社員総会の承認が必要です（企業法67条）。社員総会は、総会会場で開催するほか、一定の事項については総会を開催せずに書面決議の方法でも採決できます（企業法62条）。

　総会会長は、社員総会の運営、総会決議の実施の監督のほか、会社の法定代表者に選任された場合には、法定代表者としての職務権限を行使します。

　社長または総社長は、総会決議の実施や日常的な経営活動を担当します（企業法63条）。総会会長が社長を兼任することも可能です（企業法56条1項）。社長／総社長に就任するためには、会社の経営管理に関する専門性と経験が

要求されます（企業法64条２項）。

　監査役会が設置される場合、１名から５名の監査役により構成されます。監査役会の任務は、会長、社長／総社長による業務執行の監督です（企業法65条）。従来、社員数が11名以上の有限責任会社においては監査役会の設置が強制されていましたが、2020年の企業法改正により、二名以上社員有限責任会社において監査役会の設置は完全に企業の自主的判断にゆだねられることになりました。

2　持分譲渡

　社員が持分を譲渡することは認められますが、一定の制限が課せられています。まず、持分譲渡をしようとする社員は、有限責任会社のその他の社員全員に対して、各社員の持分割合に応じて同一の条件で譲渡することを申し込まなければなりません。申込みの日から30日以内に社員が申込に応じなければ、売れ残った持分を社員以外の者に対して社員と同一の条件で譲渡することが認められます。持分の譲渡は、社員名簿に記載されることにより効力を発生します。持分譲渡の結果、社員に変更があった場合や、社員の数が１名になった場合には、登録変更をしなければなりません（企業法53条）。

第3 | 一名社員有限責任会社

　一名社員有限責任会社は、出資者である社員の数が１名の会社です。一名社員有限責任会社は社員が１名しかいないので、社員のことを会社所有者と呼びます。さらに、会社所有者が組織（法人）か個人かで、組織所有型と個人所有型に分かれます。

1　組織所有型の運営体制

組織所有型の場合、会社の運営体制は次の2つから選択します（企業法79条1項）。

・タイプA：会社会長、社長/総社長
・タイプB：社員総会、社長/総社長

また、タイプA及びタイプBにおいて、監査役会を任意で設置することが認められます。

タイプAでは、会社会長は会社所有者が任命します。会社会長は、会社所有者の名義で会社所有者の各権利を行使し、義務を履行し、会社の名義で社長又は総社長の権限及び義務を除く会社の権限を行使し、義務を履行します。会社会長が職務を遂行する際は、原則として会社所有者の承認を必要とします（企業法81条）。

タイプBでは、社員総会が設置されますが、会社の出資者である社員は1名ですので、この場合の社員総会の構成員は、会社所有者が選任した3名から7名の委任代表者で構成されます。民間の一名社員有限責任会社において社員総会を設置することは稀です。

タイプAとタイプBは、共通して社長/総社長を選任します。社長/総社長は先に説明したとおり、会社の日常業務の執行を担当します（企業法82条）。会社会長、総会会長、社員総会構成員は、社長/総社長を兼任することができます。

具体的に日本企業がベトナムに一名社員有限責任会社を設立してタイプAを採用した場合を検討しましょう。まず、日本企業は、ベトナム子会社の運営責任者を選定し、会長または社長に選任します。この運営責任者には会社の代表権限を与えることも必要で、運営責任者を法定代表者に選任します。会社の規模によっては、日本国内に国際業務の担当役員または国際部長がいて、現地子会社を間接的にコントロールする場合もあるでしょう。このよう

な場合には、国内の国際業務担当者をベトナム子会社の会長兼委任代表者として選任して、子会社に対するコントロールを確保するとともに、現地子会社の経営責任者を、社長または総社長に選任して、法定代表者とします。子会社の規模が多ければ、総社長を全体の統括責任者とし、社長を部門の責任者として選任することも考えられるでしょう。

2　個人所有型の運営体制

　個人所有型の運営体制は、会社会長と社長／総社長です。会社会長には会社所有者が就任します。会社会長が社長／総社長を兼任することもできます。このほか、社長／総社長を雇用することも可能です（企業法85条）。

第4 | 株式会社

　ベトナムにおいて株式会社の形態は、株主の数の多い大企業だけではなく、株主数の少ない企業でも採用されています。株式会社は、証券法に定める要件を満たした公開会社と、公開企業ではない非公開会社に区分されます。上場会社を含む公開会社の業務体制は主として証券法の規制に従い、非公開会社の業務体制は企業法の規制に従います。非公開会社においては株式の譲渡制限を設けることも認められていますので、外資企業においても株式会社形態を選択することも稀にあります。

1　運営体制

　以下において、非公開株式会社の運営体制を検討します。

　非公開株式会社は、運営体制として、監査役会設置会社と監査委員会設置会社のいずれかを選択することができます。それぞれの機関構成は**図表5-1**

【図表5-1】 監査役会設置会社と監査委員会設置会社の機関構成

会社形態	機関構成
監査役会設置会社	株主総会、取締役会、監査役会、社長／総社長。ただし、株主数が11人未満で発行済株式の50%以上を保有する組織（法人）株主がいない場合には、監査役会の設置が免除されます。
監査委員会設置会社	株主総会、取締役会（取締役の20%以上が独立取締役）、取締役会内の監査委員会、社長／総社長。

のとおりです（企業法137条）。

　株主総会は、株式会社の最高意思決定機関で、会社の経営戦略を決定するほか、会社の重要事項について承認する権限を有します。株主総会の権限で特に重要な事項は、取締役・監査役の選任／解任並びに報酬の決定、内部管理規程の制定、年次会計書類の承認、配当の決定、自己株式取得の決定、発行可能株式総数の決定、定款変更、重要な財産の取得と処分、組織再編の決定などです（企業法138条）。株主総会は、毎年1回開催される定時総会のほか、必要に応じて臨時総会が開催されます。株主総会は、取締役会により招集されるほか、必要に応じて監査役会または株主により招集されます。総会の開催方法としては、総会会場での開催のほか、バーチャル総会や書面決議が認められています。総会の決議は、出席株主の議決権の過半数で採択される普通決議と、出席株主の議決権の65%以上で採択される特別決議があります。書面決議の場合は、総会の開催は必要ではなく、全株主が保有する議決権総数の過半数の賛成により採択されます。

　取締役会は、3名から11名の取締役で構成される会社の経営管理機関で、株主総会の権限を除き、会社の名義で決定し、会社の権利義務を行使する権限を有します（企業法153条1項）。取締役の選任は株主総会で行われますが、普通株式総数の10%以上を保有する株主または株主グループは、取締役候補者の推薦権を有します（企業法115条5項）。

　取締役会の権限として特に重要な事項は、会社の中長期戦略並びに年次経営計画の策定や会社の重要財産の売買の承認のほか、以下のとおりです（企

業法153条 2 項）。

- a ）会社の組織に関する事項
  - ・取締役会会長の選任・解任
  - ・社長 / 総社長及びその他の管理職の選任・解任
  - ・他の会社の総会に出席する委任代表者の選任
  - ・上記の者の報酬の決定
  - ・内部管理規程の決定
  - ・子会社・支店・駐在事務所の設置の決定
  - ・他の企業への出資の決定、
- b ）会社の資金調達に関する事項
  - ・株式発行の決定
  - ・株式及び社債の発行価額の決定
- c ）総会に関する事項
  - ・株主総会の招集と議事日程の決定
  - ・会社の再編・解散の提案

　取締役会の開催方法としては、対面での会合のほか、書面決議や定款で定めるその他の方法が認められます（同条 3 項）。

　取締役会会長は、取締役の中から取締役会により選任され、取締役会を主宰するほか、法定代表者に選任されれば法定代表者として会社を代表して行動します（企業法137条 2 項、156条）。非公開会社においては、取締役会会長が社長 / 総社長を兼任することも認められます。

　社長 / 総社長は、取締役会により選任され、日常的業務執行を担当します（企業法162条）。社長 / 総社長が法定代表者となることも可能です（企業法137条 2 項）。社長 / 総社長の活動は、取締役会により監督されます。

　監査役会は、 3 名から 5 名の監査役により構成され、適法性や合理性の観点から取締役会及び社長 / 総社長の業務執行を監督し、会計処理や財務報告書の監査を行い、株主総会に監査報告書を提出します。そのほか、監査役会

は、会社と会社関係者の取引を精査し、会社の内部統制や危機管理の有効性について検査・評価を行います（企業法170条）。

　監査委員会を設置することを選択した場合、2名以上の委員からなる監査委員会が取締役会の内部的な委員会として設置されます。監査委員会の委員長は独立取締役であることを要し、他の委員は非常勤の取締役であることが求められます（企業法161条）。監査委員会の主たる職務権限は、会計監査に関する事項で、ほかに内部監査及びリスク管理体制の監督や会計監査人の評価、会社内部規則の遵守の確保などを担当します（同条3項）。

2　株式譲渡・株式発行

　株式譲渡については第7章、株式発行については第6章で詳述しています。

第5 ┃ 公開会社の運営体制

　株式会社のうち公開会社は、企業法のほかに証券法の規制に服します。公開会社というのは、国家証券委員会（State Securities Commission：SSC）に登録して株式を公開発行した会社のほかに、払込済資本金が300億VND以上で大株主（議決権付株式総数の5％以上を保有する株主）を除いた100人以上の株主により資本金の10%以上が保有されている会社を指します（証券法32条）。上場企業はすべて公開会社ですし、国有企業の民営化（equitization）により設立された会社が上場前に公開会社となる場合もあります。

　公開会社の運営体制は、基本的には企業法及び証券法の規定に従います。ただし、公開会社については、証券法の規定に基づいてコーポレートガバナンス原則などの組織運営に関する規定が設けられるほか（証券法40条以下）、政令（2020年政令155号）や通達（2020年通達116号）により公開会社や上場会社について特別の定めが設けられています。

【図表5-2】公開会社の運営体制

会社形態	運営体制
監査役会設置会社	株主総会、取締役会、監査役会、社長／総社長
監査委員会設置会社	株主総会、取締役会、取締役会内の監査委員会、社長／総社長

　基本的な運営体制は、非公開の株式会社と同様に、**図表5-2**のいずれかの選択制になります。

　非公開会社と異なり、公開会社においては、取締役会会長は社長／総社長を兼任することができません（企業法156条2項）。これは、取締役会に社長／総社長や他の役員・管理職の監督を期待しているために、取締役会会長に業務執行に関与させないためです。また、公開会社の取締役が職務に専念できるよう、取締役が他の会社の取締役を兼任する場合は5社を上限とします（2020年政令155号275条）。

　公開会社が監査委員会設置会社を選択する場合、取締役会の構成員の3分の1以上が非執行取締役であることが求められるほか、上場会社については取締役の3分の1以上が独立取締役であることを求められます（2020年政令155号276条）。

　さらに、公開会社のガバナンスについては、モデル定款、モデルコーポレートガバナンス内部規程、モデル取締役会運営規程、モデル監査役会運営規程、モデル監査委員会運営規程が定められていて、公開会社はこれらの規程を定める際に参照することが求められています（2020年通達116号）。

第6 ｜ 会社役員の義務と責任

1　役員の義務

（1）役員の定義

　企業法は、会社の業務担当者に対して一般的な義務を課していますが、会

社形態に応じて、下記の役員が義務の対象となります。このほか、法定代表者に関しても、同様の一般的な義務が課せられています（企業法13条）。
①二名以上社員有限責任会社：会長、社長／総社長、その他の管理者、法定
　　　　　　　　　　　　　　代表者、監査役
②一名社員有限責任会社
　a）組織所有型：社員総会構成員、会社会長、社長／総社長、その他の管理者、監査役
　b）個人所有型：規定なし
③株式会社：取締役、社長／総社長及びその他の管理者、監査役

（2）義務の内容

　（1）で示した会社の役員に課せられている義務の内容は、次の4つに分類されます。すなわち、法令遵守義務、会社利益最大化義務、忠実義務、利害関係開示義務です。このほかに、企業法及び会社定款に定められた義務が加わります。以下、会社形態の相違にかかわらず共通して役員に課せられる4つの義務について検討します。

①法令遵守義務

　会社の役員は、その権限の行使または義務の履行にあたり、法令、会社定款、総会決議、会社所有者の決定（一名社員有限責任会社の場合）、職業倫理（監査役の場合）などを遵守する義務を負います。

②会社利益最大化義務

　会社の役員は、会社の合法的利益の最大化の確保のために、誠実、慎重、最善の方法で、権限を行使し、義務を履行しなければなりません。

③忠実義務

　会社の役員は、会社、会社所有者、株主の利益に忠実であり、かつ、私利

または他の組織／個人の利益のために、地位、職務を濫用してはならず、会社の情報、ノウハウ、経営機会、会社のその他の財産を使用してはなりません。

④利害関係開示義務

会社の役員は、自己またはその関係者が株式または持分の保有により、支配する企業について、会社あるいは会社所有者に対して、遅滞なく、完全に、正確に通知する義務を負います。

2　利益相反取引の承認

ベトナム法は、会社役員やその関係者と会社間の契約や取引について、会社の承認を得ることを義務付けています。その理由は、会社役員などと会社との間の取引は双方の利益が相反するために、役員などの利益が優先される可能性があるからです。このような取引を一般的に利益相反取引と呼び、ベトナム法は広い範囲でこの利益相反取引を規制の対象としています。利益相反取引に該当する場合には、取引を行おうとする者は、取引の内容及び取引から得られる利益を会社に通知し、会社の承認が必要になります。

上記の規制に違反した場合、規制対象となる契約／取引は裁判所の判決をもって無効となるほか、取引に参加した者には会社への損害賠償と利益の返還が求められます。

以下に会社形態ごとの利益相反取引規制を列挙します。

（1）二名以上社員有限責任会社
①規制対象
- a）社員、社員の委任代表者、社長／総社長、会社の法定代表者、上記の関係者
- b）親会社の管理者、親会社の管理者を任命する権限を有する者、上記の

関係者

②会社への通知

 ａ）通知先：社員総会の構成員、監査役

 ｂ）通知内容：契約／取引の当事者、当事者が得る利益、契約／取引の主要な内容

③承認手続

 社員総会は、通知を受けた日から15日以内に、契約／取引の承認又は不承認を決定する。

（２）一名社員有限責任会社（組織所有型）

①規制対象

 ａ）会社所有者とその関係者

 ｂ）社員総会構成員、会社会長，社長又は総社長及び監査役及び上記の関係者

 ｃ）会社所有者の管理者及び管理者の任命権者

②会社への通知

 ａ）通知先：社員総会、会社会長，社長／総社長及び監査役

 ｂ）通知内容：契約／取引の当事者、当事者が得る利益、契約／取引の主要な内容

③承認手続

 社員総会構成員または会社会長，社長／総社長及び監査役が、通知を受けた日から10日以内に、頭数多数決により決定する。

（３）株式会社

①規制対象

 ａ）普通株式を10％以上保有する株主、当該株主が組織の場合の委任代表者、上記の関係者

 ｂ）取締役、社長／総社長及びその関係者

　　c）取締役、監査役、社長／総社長及び会社のその他の管理者が関与する
　　　関連会社
②会社への通知
　　a）通知先：取締役及び監査役
　　b）通知内容：契約／取引の当事者、当事者が得る利益、契約／取引の主
　　　要な内容
③承認手続
　　a）取締役会による承認
　　利益相反取引について通知を受けた日から15日以内に契約又は取引の承
認をする決定をする。
　　b）株主総会による承認
　　会社と議決権付株式総数の51％以上を所有する株主又はその株主の関係
者との間の、企業資産総額の10％超の価額の消費貸借または財産売却の契
約／取引について、取締役会による説明ののちに、総会の特別決議により
承認される。

3　役員の責任

　会社の役員がその義務に違反した場合、民事的な賠償責任を会社または第
三者に対して負います。
　法定代表者は、義務違反により企業に対して与えた損害について個人的に
責任を負います（企業法13条）。
　二名以上社員有限責任会社においては、管理者としての義務に違反した社
員総会会長、社長／総社長、法定代表者、その他の管理者は、会社に対して
民事責任を負います。この場合、社員は、自己または会社の名義で、役員の
責任を追及するため提訴することができます（企業法72条）。また、承認手
続を履行せずに利益相反取引が行われた場合、これに関与した者は、発生し
た損害を賠償し，その契約・取引から得た利益を会社に返還しなければなり

ません（企業法67条）。

　一名社員有限責任会社の役員の民事責任については企業法に特別の規定は設けられていません。ただし、組織所有型において利益相反取引が行われた場合について、所定の手続きを経ずに取引が行われた場合については、当該取引に関与した者は発生した損害を賠償し，その契約・取引から得た利益を会社に返還しなければなりません（企業法86条）。

　株式会社においては、義務に違反した取締役、社長／総社長、その他の管理者は、喪失した利益の賠償、受領した利得の返還、会社または第三者に対する損害賠償の責任を負います（企業法165条）。また、普通株式総数の1％以上を保有する株主／株主グループは、自己又は会社の名義で、取締役、社長／総社長に対して、利益の返還または会社若しくは第三者に対する損害賠償を求めて、個人責任または連帯責任を追及するために提訴することができます。監査役についても、義務に違反して会社または第三者に損害を与えた場合、損害の賠償について個人責任又は連帯責任を負い、義務違反から得た利益について会社に返還しなければなりません（企業法173条）。

> **コラム**
>
> ## ベトナムにおけるバーチャル総会と書面総会
>
> 　ベトナムでは、株主総会または社員総会は、総会会場における開催（リアル総会）だけではなく、インターネット上の総会（バーチャル総会）や書面だけによる総会（書面総会）が認められています。
>
> 　バーチャル総会は、総会をインターネット上で開催する方法です。バーチャル総会は、さらに2つの方法に分類されます。第一は、リアルに開催されている株主総会に株主がオンライン上で参加する方法で、日本ではハイブリッド総会と呼ばれています。第二は、リアルの総会を開催せずに完全にオンライン上だけで総会を開催する方法で、日本ではバーチャルオンリー総会とも呼ばれています。ベトナムでは両方の形式での総会の開催が可能で、コロナを契機としてFPTなどの上場社においてバーチャル総会が次々と導入されています。総会参加の方法も

多様で、IT技術の粋を凝らしたアプリが開発されています。例えば、オンラインで総会に参加する株主であっても、総会会場の審議の進行に合わせて、アプリ上で議決権を行使することが可能とされています。

　書面総会は、総会を開催する代わりに、書面だけで議題について決議を行う方法です。日本では、書面総会について直接定める規定はありませんが、総会の決議事項について株主全員が同意した場合には、当該事項について総会決議があったものとみなされるとされていて（日本会社法319条）、これが書面決議の根拠とされています。これに対して、ベトナムにおいては、書面総会は、リアル総会やバーチャル総会に代わる総会の開催方法として定められていて、上場会社でも臨時総会開催に代えて書面投票が利用されることがしばしば見受けられます。ただし、書面総会の特殊性に応じた特別の規定が企業法において設けられています。

　例えば、書面総会を実施するには、取締役会の決定が必要とされています。また、総会の決議事項のうち一定の事項は、定款で別段の定めを設けなければ、総会会場での決議が必要とされています。定款変更、会社の発展方向、株式の種類及び種類ごとの株式数、取締役/監査役の選任/解任、重大な会社資産の取得/売却、年次会計報告書の採択、会社の再編/解散がこれに該当しており、特に年次会計報告の採択や取締役/監査役の選解任は年次総会の決議事項となりますので、年次総会を書面形式で行うことは原則として認められていません。また、多数決の要件も、議決権を有する株主の総議決権の過半数が必要とされています。

　以上の制約はありますが、臨時総会の開催を書面総会で実施するケースは、上場会社を含め想像以上に多く見られます。これをベトナムならではの知恵と見るのか、株主軽視と見るのかは評価の分かれるところでしょう。

第 6 章

ベトナムでの資金調達・担保

第1 | 概論

　日系企業がベトナムへ現地法人を設立し事業を運営する上で、設立直後や一時的な運転資金需要が生じた際、さらには事業を拡大する際など、資金調達が必要な場面が発生することがあります。特に海外から資金調達を検討する場合には、ベトナムには、外国為替や外貨の取り扱いについて様々な規制があるため、事前に当該方法が法令等に違反しないかを検討する必要があります。

　まず、資金調達手段として検討されるものとしては、以下が想定されます。

ⅰ）出資者・株主又は第三者からの出資の受け入れ（増資）

ⅱ）社債の発行[1]

ⅲ）ベトナム国内金融機関からの借入れ

ⅳ）国外からの出資者・株主又は第三者からの借入れ

ⅴ）株式市場への株式の公開（株式会社の場合）

　上記のうち、ベトナムにおいて最も一般的に利用されているのは、ⅳ）国外からの出資者・株主又は第三者からの借入れです。具体的には、日本本社から、ベトナム現地法人に対して資金を貸付ける、いわゆる親子ローンが実施される例が多くなっています。

---

[1] 株式会社、有限責任会社ともに社債の発行は可能ですが、実務上、有限責任会社において社債が発行される例は稀です。

第2 | 持分／株式の発行による資金調達

　持分または株式の発行による資金調達は、ベトナムの現地子会社が有限責任会社または株式会社である場合に、親会社等から出資を受け入れるときに考慮される資金調達方法です。借入による資金調達と異なり、出資による資金調達の場合、出資金の引き上げを自由に行うことができません。このため、長期的な資金需要がある場合に考慮される資金調達手法といえます。

1　持分と株式

（1）持分

　有限責任会社において社員が資本金として出資した金額が持分です（企業法4条27項）。出資者と持分に関する情報は社員名簿に記載され、会社は社員に対して持分証明書を発行します（企業法47条5項）。

　社員名簿には、社員に関する情報（社員の氏名／名称、住所／本店所在地、国籍、身分証明書番号、企業コード）、持分に関する情報（社員ごとの持分及び持分割合、出資の時点、出資財産の種類・数量・価額）などが記載されます（企業法48条）。また、持分証明書には、社員に関する情報（社員の氏名／名称・住所・国籍・身分証明書番号・企業コードなど）、持分及び持分割合、持分証明書番号と日付などが記載されます（企業法47条6項）。

　社員の持分を示すのは、社員名簿です。このため、持分の譲渡を有効に行うには、譲受人の持分に関する情報が社員名簿に記載されることが必要です（企業法52条2項）。社員名簿への記載によって持分の譲渡が当事者間においても有効になります。

（2）株式

　株式会社においては、株主からの出資に対して株式が発行されます。ベト

ナムでは株式には額面金額が定められ、多くの場合、株式の額面金額は 1 万 VND（2023年11月現在の日本円で約61円）とされています。株式会社は、普通株式のほかに、各種の優先株式を発行することができます（企業法114条）。株式会社の定款資本は，発行した各種株式の額面金額の総額です（企業法112条 1 項）。

　株主には株券が発行されます。株券は、株主の株式所有を証明するもので、証書の形式だけではなく、帳簿への記載や電子データの形式でもかまいません。株券には、会社に関する情報、株主に関する情報、株式の数と種類、額面及び額面総額、株主名簿の登録番号、株券発行日、優先株式の内容などが記載されます（企業法121条 1 項）。

　さらに会社は、株主に関する情報を保管するために、株主名簿を作成します。株主名簿の形式は、帳簿あるいは電子データのいずれかを選択できます（企業法122条 1 項）。株主名簿には、会社の株式に関する情報のほか、株主に関する情報と株主が保有する株式に関する情報が記載されます（同条 2 項）。株式会社では、この株主名簿のほかに、発起株主名簿と外国株主名簿も作成されます（企業法25条 4 項）。

　日本では、株券が発行されている場合、株主の地位と権利は株券に表されます。また、株式の譲渡は株券の交付により行われます（日本会社法128条 1 項）。これは、株券が有価証券と位置付けられているからです。ベトナムでは、株主の地位と権利は株主名簿に示されます。株券は単に株式の所有を証明する証拠証券として位置付けられているため（企業法121条 1 項）、株式の譲渡は株券の交付によるのではなく、当事者間の株式譲渡契約と株主名簿への記載により行われます（企業法127条 2 項、 6 項）。株式譲渡の効力が発生するのは、株主名簿に譲受人の情報が記載されたときです。

2　出資手続

　出資により資金調達をする場合には、資本金の変更などが発生するため、

会社の定款変更など会社の機関による決定が必要になります。出資による資金調達の方式としては、社員または株主に持分／株式を割り当てる社員／株主割当増資の方法と、社員または株主以外の第三者に対して持分／株式を割り当てる第三者割当増資の方法があります。

（1）有限責任会社

　有限責任会社においては、持分を発行することにより資金調達することができます。この場合、社員からだけではなく、社員以外の者からも出資を受けることが認められます（企業法68条1項、87条1項）。このように有限責任会社においては、社員割当または第三者割当による増資の形で資金調達が可能ですが、その際、増資に関する会社の決定が必要になります。

　二名以上社員有限責任会社においては、定款資本の増加についての決定と、増資の時期及び方法についての決定は社員総会の決議事項となります（企業法55条2項b号）。このうち、定款資本の増加は定款記載事項の変更になるので、社員総会の特別決議が必要です（企業法59条3項b号）。特別決議は、社員総会出席社員の持分総額の75％以上の賛成で採択されます。増資の時期及び方法についての決定は社員総会の普通決議で行われます。増資の方法として、社員割当や第三者割当の決定などが含まれます。普通決議は、社員総会出席社員の持分総額の65％以上の賛成で採択されます。

　なお、有限責任会社においては増資に際して社員に優先的な持分引受権が与えられているので、社員により持分引受権が行使されなかった場合に初めて、引き受けられなかった持分について第三者に対する割り当てが可能になります（企業法68条2項）。実務的には、第三者割当により増資をする場合、あらかじめ各社員から持分を引き受けない旨及び第三者割当に同意する旨の意思の確認が必要でしょう。

　一名社員有限責任会社においては、会社所有者が定款資本の増額の形式と増資額を決定します（企業法87条1項）。ただし、社員総会が設置された場合、定款資本の増額について社員総会の特別決議（出席者持分の75％以上の

賛成）が必要になります（企業法80条6項）。第三者割当による増資形式が採用されると、必然的に会社形態が一名社員有限責任会社ではなくなるので、二名以上社員有限責任会社か株式会社への組織変更が必要になります（企業法87条2項）。

（2）株式会社

　株式会社の場合、増資による資金調達の方法としては、株主割当増資、第三者割当増資、公募増資の方法があります（企業法123条2項）。公募増資については、証券法に定められた一定の条件の下で実施されます。本書では、非公開会社による株主割当増資と、第三者割当増資について検討します。

　株主割当増資は、増資のために発行する株式のすべてを株主全員に割り当てる株式発行の方法です。発行する株式は、各株主が保有する株式の保有割合に従って割り当てられます（企業法124条1項）。株主割当による増資の決定後、会社は、書面で株主に対して株主割当増資について通知を行います（同条2項）。通知を受け取った株主は、購入登録期日までに株式購入登録票を会社に送付して、新株の優先購入権を行使します。株主は、自己の株式購入権を第三者に譲渡することができます（同条3項）。株式の発行は、株金額が全額払込まれ、株主名簿に株主の情報が記載されたときに発行済とみなされます（同条4項）。また、株券が発行される場合には、株式の全額払込後に、会社は株主に対して株券を発行し交付します（同条5項）。

　第三者割当増資は、株主に優先的新株引受権が与えられていることから、やや複雑な手続きが必要になります。第三者割当増資を実施するためには、会社は、第三者割当増資計画を決定することが必要です（企業法125条2項a号）。この増資計画の決定には、株主総会と取締役会の決議が必要になります。具体的には、株主総会は増資により発行される株式の種類と数について決定します（企業法138条2項b号）。この決定は、総会出席株主の総議決権の65％以上の賛成を要する特別決議で行われます（企業法148条1項a号）。定款で定められた株式総数が第三者割当増資に必要な数に足りないときは、

株式総数に関する定款変更も必要です（企業法24条2項c号、148条1項e号）。次に、取締役会は、第三者割当増資の時期、方法、価格を決定します（企業法126条）。発行価格については、時価または直近の株主名簿に記載された株式価格を下回らないことが求められます。ただし、総会決議により割引額を定めることもできます（企業法126条4項、125条2項c号）。

　取締役会が第三者割当増資の決定を行うと、まずは株主全員に対して、株式募集の通知をします。この通知は、新株引受の応募期限の15日前までに株主名簿に記載された住所に発送されます（企業法124条2項）。この通知には、発行予定株式総数、株主が保有する株式数、株主に割り当てられる株式数、株式の発行価格、株式引受権の譲渡権などの情報が記載されます（同項b号）。第三者割当増資であっても、株主がこの通知に従って新株を引き受けたり、引受権を第三者に譲渡したりすることは可能です。このことから、第三者割当増資を成功させるためには、あらかじめ株主に新株引受権の放棄について同意を得ておくことが必要になります。

　株式募集の通知を受けた株主が新株を引き受けず、または引受権を譲渡しなかった場合、残余の募集株式は増資計画に従って第三者に割り当てられます。その際、第三者への募集条件は、株主に対する募集条件よりも有利であってはなりません。ただし、総会で有利発行についての承認を得れば、この限りではありません（企業法125条2項c号）。

（3）債務の資本への転換（DES）

　ベトナム子会社が親会社から借り入れをした場合などで、子会社が借入金を弁済せずに、自らの資本に転換することが必要な場合があります。日本においても、債務の株式化またはデット・エクイティ・スワップ（DES）と呼ぶ金融手法ですが、ベトナムにおいてもこの手法を用いることが可能です。

　企業の対外借入及び対外債務の返済に関する外国為替管理に関する2022年通達12号34条2項は、債権者と債務者が未払債務を債務者の株式または出資資本に転換することに合意する場合に、外国借入口座を用いずに債務を弁済

することを認めます。この規定は対外債務弁済の方法としてDESの手法を認めるもので、ベトナム企業が国外から借り入れをした場合において、ベトナム企業がその対外債務を出資として受け入れて、債権者に持分・株式を発行することを認めます。その結果、対外債務の債権者には、ベトナム企業の持分または株式が発行され、ベトナム企業の対外債務は資本に転換します。この規定は、法律や政令よりも下位の通達ではありますが、実務上はこの規定に基づいてDESが行われています。

実務上、DESは次の手順を踏んで実施されています。

第一に、債務を持分または株式に転換する契約が企業と債権者の間で締結されます。この契約には、転換の対象となる債務の支払時期や金額、元本及び利息の処理方法、スワップ後に株主が所有することになる具体的な出資比率などが明記されます。

第二に、企業の側において、増資に必要な手続が行われます。DESの場合、特定の者に持分または株式が発行されるため、第三者割当増資の手続が必要です。

第三に、増資について、投資法上の登録手続（必要な場合）やIRC及びERCの変更手続、対外債務が持分・株式に転換したことについてのベトナム国家銀行への届出が必要になります。

第3 ｜ 外国ローンによる資金調達

1　外国ローンの形態

ベトナムでは、企業や個人が外国ローンの借入と返済を行うことが認められています（外国為替管理規則17条1項）。この企業には、外国企業によりベトナムで設立された子会社も含まれており（2013年政令219号1条）、外国親会社とベトナム子会社間の親子ローンが資金調達の形態として広く普及し

ています。

　外国ローンの形態としては、金銭消費貸借契約のほか、延払商品売買契約、貸付委託契約、ファイナンスリース契約、借入人による債務証券発行の形式をとることができます（2013年政令219号3条1項）。外国ローンは、貸付人と借入人との間で外国ローンに関する契約が締結されることにより成立します。ただし、ベトナムでは、為替管理の観点から、外国ローンの実行について詳細な規定が設けられており、法令で定められた範囲内でしか外国ローンは認められていません。また、外国ローンについて国家銀行への登録や報告が義務付けられています。

2　外国ローン契約の締結

　ベトナム企業が非居住者から外国ローンの借り入れを行う場合、外国ローン契約が締結されます。その際、外国ローン契約は文書で作成することを要します（2022年通達22号9条2項）。外国ローン契約を電子データの形式で行う場合については、電子取引法（2023年法による改正あり）の規定に従わなければなりません。

　外国ローンは外国の貸付人とベトナム国内の借入人との間で締結されることから、渉外的な要素のある契約となります。外国ローン契約の当事者は、外国ローン契約に適用される準拠法の選択について合意することができます（ベトナム民法664条2項）。ただし、外国法が準拠法として選択された場合であっても、外国法令の適用結果がベトナム法令の基本原則に違反する場合には、外国法の適法は禁止される点に注意を要します（ベトナム民法670条1項a号）。特に、ベトナムにおいては契約当事者間の合意金利は、法律に別途定める場合を除き、貸付金総額の20％（年率）を超えてはならないとされており、合意に基づく利率がこの上限利率を超える場合，超過する利率部分が無効となります（ベトナム民法468条1項）。

3　外国ローンの実行条件

　ベトナムでは、為替管理の観点から、外国ローンを利用することに対して厳しい制約が課せられており、国家銀行が定めた条件の範囲内でのみ外国ローンを実行することができます。外国ローンの実行条件については、国家銀行の2023年通達8号に詳細が定められています。

（1）外国ローンの目的

　ベトナムにおける外国ローンは、借入期間が1年以内の短期ローンと借入期間が1年を超える中・長期ローンの2つに分類されます。これらの外国ローンにつき、一定の目的を有する場合に限り、ローンを実行することが認められます。

①短期ローン

　短期ローンは、借入人の外国ローンの再編と短期債務（国内ローン元本を除く）の返済に限り認められます。短期債務とは、投資プロジェクト、事業計画、その他のプロジェクトを実施する過程で借入人に発生する債務を指します。

②中長期ローン

　中長期ローンは、ａ）借入人の投資プロジェクトの実施、ｂ）事業計画またはその他のプロジェクトの実施、ｃ）外国ローンの再編、に限り認められます。

　なお、上記の外国ローンの再編というのは、新たな外国ローンの資金を用いて既存の外国ローンを返済すること（借換え）を意味します。

（2）外国ローン使用計画または外国ローン再編計画の作成義務

　外国ローンの借入人は、借入に際して外国ローン使用計画または外国ロー

ン再編計画を作成しなければなりません（2023年通達 8 号17条、18条）。

①外国ローン使用計画

　外国ローン使用計画の記載内容は、 a ）借入人に関する情報、 b ）外国ローンに関する情報、 c ）外国ローンの目的と規模、 d ）ローンリスクの管理措置などです。特に、ローンの目的に関しては、短期ローンと中長期ローンについて、下記の情報を記載しなければなりません。

②短期ローン

　外国ローンを短期債務の返済に用いる場合、借入人は、資金ニーズ申告書の作成を要します（2023年通達 8 号 7 条 4 項）。資金ニーズ申告書には、借入期間内に履行すべき支払債務について、請求書や契約書などの徴憑に基づいて作成した見積もりを記載しなければなりません。

③中長期ローン

　外国ローンの目的と規模について、事業活動資金の総額、資本構成、外国ローンの規模、外国ローンの支出項目について記載します（同条 3 項）。

④外国ローン再編計画

　外国ローン再編計画には、 a ）債務者の情報、 b ）既存の外国ローンに関する情報、 c ）新規外国ローンに関する情報などが記載されます（2023年通達 8 号 8 条 2 項）。

⑤借入人の責任

　借入人は、外国ローンの目的を証明する書類の正確性と真実性に対して法的責任を負い、上記の書類に定められた目的のために外国ローン借入金を使用しなければなりません（2023年通達 8 号17条 4 項、19条 3 項）。

⑥所轄機関の承認

　外国ローン使用計画と外国ローン再編計画については、所轄官庁の承認が必要です（2023年通達8号7条1項、8条1項）。

（3）使用通貨

　外国ローンは原則として外貨建てで行われます。

　ただし、次の場合は例外としてVND建てで外国ローンを実行することができます。

　　a）借入人がマイクロファイナンス機関である場合

　　b）親会社が子会社への直接投資で得た利益から子会社に外国ローンを供与する場合

　　c）ローンの出金と返済が外貨建てで行われるVND建てローン

（4）借入限度額

　外国ローンの目的ごとに、借入限度額が定められています。

①投資プロジェクトの実施

　外国ローンの目的が投資プロジェクトの実施の場合、中長期の国内ローン及び外国ローンの元本合計残高が、IRCに記載された投資総額と払込済定款資本の差額を超えないこととされます。2023年通達8号において、中長期債務の元本のみが上限額に算入され、利子と手数料は除外されることが明記されました。

②事業計画またはその他のプロジェクトの実施

　権限のある機関が承認した外国ローン使用計画に定められた借入必要総額を超えないことが必要です。

③外国ローンの再編

　海外ローンの元本、未払い利息、関連費用、及び海外債務のリストラクチャリング時に決定された新規借入に関連する費用の合計額を超えないことが必要です。

④短期ローン

　短期ローンは、外国ローン借入限度額の制限を受けません。

（5）借入費用

　外国ローン契約の当事者は、借入費用について合意することができます。借入費用とは、外国ローン金利と海外ローンに関連するその他の費用を含み、借入金額に対する年率で換算した費用の総額を指します（2023年通達8号3条5項）。借入費用について合意する際には、ベトナム法の規定を順守することが求められ、国家銀行総裁は必要に応じて外国ローン費用の上限を定めるものとされています。

　実務上は、借入費用の合意がベトナム民法の規定する上限金利（年利20％）の規制対象となるかが問題となります。この点については未だ明確な指針は示されておらず、国家銀行総裁の外国ローン費用の上限に関する決定を待つ必要があると思われます。

4　外国ローンの登録と報告

　外国ローンの管理に関して、2022年通達12号は、外国ローン口座の開設、外国ローンの登録などについて規定します。

（1）外国ローン口座の開設

　借入人は、外国ローンの借入と返済のための口座を開設しなければなりません（2022年通達12号26条1項）。借入人がIRCの発行を受けた外資企業の

場合には、直接投資口座を外国ローン口座として利用することができます（同条2項）。直接投資口座で用いられる通貨と異なる通貨で外国ローンを実行する場合には、直接投資口座を開設した銀行で別の外国ローン口座を開設し、外国ローンを実行することになります。外国ローンの借入と返済はこの外国ローン口座を通して行われます。

（2）外国ローンの登録と報告
①登録義務

中長期の外国ローンについては、国家銀行への登録が求められます（2022年通達12号11条）。短期ローンは、国家銀行への登録は必要ありませんが、初回出金後1年を経過しても元本の弁済が行われない場合には、中長期ローンとしての登録が必要となります。ただし、1年経過後に直ちに登録義務が生じるのではなく、当該日から30日以内に返済が行われれば、中長期ローンとして登録することが免除されます（同条3項）。

中・長期ローンを実施する際には、ローン契約締結日から30日以内に国家銀行へ登録申請が必要となります（2022年通達12号15条2項）。借入金額が1,000万USD又はこれに相当する金額の外国ローンについては、国家銀行本店に対して申請を行い、それ以外の場合については、ベトナム現地法人の本社所在地の国家銀行支店に対して申請を実施することとなります（2022年通達12号20条1項）。

登録はオンラインまたは書面により行うことができます。オンラインを選択する場合、国家銀行のポータルサイト（www.sbv.gov.vn）からローン登録用ウェブサイトへのリンクを開くか、登録用ウェブサイト（www.qlnh-sbv.cic.org.vn）を直接訪問し、事前に貸付情報の登録を行った上で、実際のローン登録手続を行うことになります（2022年通達12号5条、15条1項a号）。オンライン登録では、登録用ウェブサイトの指示にしたがい必要な情報を入力後、データをプリントアウトして代表者サインと押印をした書類及びウェブサイト上で指定された証明書類をオンラインで提出するか、管轄当

局の窓口に直接提出または郵送します。

　書面での登録をする場合には、2022年通達12号付録1の様式に基づいた申請書に必要事項を記入し、これに所定の証明書類を添付して当局の窓口に直接持参または郵送により提出します。

　提出書類の主なものは、①申請用紙（オンラインの場合はウェブサイト上の申請フォーム、書面提出の場合は2022年通達12号付録1の様式）、②借り手である現地法人側の地位を証明するIRC及びERC等のコピー、③借入金の使途説明書類（事業計画や生産計画等）、④ローン契約書のコピー及びベトナム語訳、⑤担保・保証がある場合は担保・保証書のコピーとベトナム語訳等が挙げられます（2022年通達12号16条）。

　SBVへの登録を実施していない場合、罰金が科されるほか、ベトナム現地法人から債権者に対する元本及び利息の支払いのための国外送金が実施できないリスクがあるため、注意が必要です。

②報告義務

　また、借入人は、短期ローン及び中長期ローンについて、毎月オンラインで報告をすることが義務付けられています（2022年通達12号41条1項）。旧通達の下では、このローン実施報告は四半期に1度とされていましたが、新通達により月次に変更されました。また、このオンライン報告は、国家銀行への登録が必要な中長期ローンだけではなく短期ローンについても義務とされている点に留意が必要です。

　なお、ウェブサイト上の技術的な障害によりオンライン報告ができない場合には、書面での報告が必要となります（同条1項）。

　国家銀行は、借入人からのインターネット報告の受領後10営業日以内にデータベースへの保存を行い、電子メールで報告完了を借入人に通知するものとされています（同条2項）。報告に修正が必要な場合には、国家銀行支店は、借入人に通知メールを発信し、借入人はオンライン上でデータの修正を行います（同条3項）。

　報告義務の違反に関しては、金融及び銀行部門における行政違反に対する罰則に関する2019年政令88号が適用されます。2019年政令88号47条によれば、報告義務の遅延などの軽微な違反に対しては、500万VNDから1,000万VNDの罰金が科せられます（同条1項）。報告を提出しないか、報告内容が不十分な場合には、1,000万VNDから1,500万VNDの罰金が科せられます（同条2項）。

第4 ｜ ベトナム国内金融機関からの借入れ

　資金調達方法として、ベトナム国内金融機関からの借入れを実施することが可能です。ただし、外貨による融資は以下の場合に限って認められています。

①事業計画または投資プロジェクトの実施。

②外資企業が負担する対外債務リストラ

　しかし、ベトナムの金利は高い上に[2]、銀行の公式な手数料と、請求することができる追加の非公式な手数料が加算される可能性があります。

　外貨による融資は、以下の場合に限られます。

　a）短期貸付、b）与信枠、c）作期間隔貸付、d）シンジケートローン、e）リボルビングローン、f）待機枠、g）ロールオーバーローン、h）当座貸越枠、i）その他法令で禁止されていないものです。融資は、短期（12か月以内）、中期（12か月以上60か月以内）、長期（60か月以上）のいずれかの期間を設定していることが必要です。

　ローンの期間は、最初の出金の日から始まり、すべての未払い利息と元本の最終的な支払い時に終了します。ローンは、ⅰ）12か月（短期ローンの場

2　現在の国内金融機関の長期貸出金利についてVNDについて年間9〜11%、USDについて年間約4.4〜5.5%となっています（2023年9月分国家銀行報告）。

合）、ⅱ）現在の期間の半分（中・長期ローンの場合）を超えない範囲で、別の期間に延長することができます。貸付金に課される金利は、以前はいくつかの制限を受けていましたが、現在は規制緩和されています。このため、固定金利と変動金利のどちらを選択するかについては、銀行の柔軟性が確保されています。

　ただし、債務不履行があった場合の適用金利は、銀行と債務者との間でローン契約で合意された実勢金利の150％を超えることはできないとされています。

ダナン行政センター

ホーチミン大聖堂

第5 ｜ **担保**

　第13章第2の2にて詳述するとおり、ベトナムでの債権回収は一般に困難であるため、債権を保全するため、土地使用権（不動産）や相手方の設備・機械に抵当権を設定したり、販売した自社の製品について所有権留保を行う等、ベトナムでの取引先やオーナーから担保を取っておくことを検討することは重要です。ベトナム民法上認められる担保権は、**図表6-1**をご参照ください。なお、複数の債権や将来の債権に対して担保権を設定することも可能です。

【図表6-1】　ベトナム民法上認められる担保権

	担保の種類	備考
人的担保	保証人	保証契約の締結が必要
物的担保	ベトナム民法において、質権、抵当権、手付け、保証金、所有権留保、留置権など、日本と類似する担保の種類が定められている。	不動産への担保設定について、土地使用権へ抵当権を設定することができるのは、「ベトナム国内で営業許可を受けた金融機関」に対してのみであるため、土地上の建物がメインとなる。

　実務上、不動産に対して抵当権を設定する例が多く見受けられますが、不動産に対する抵当権を第三者に対抗するためには、法律に従った抵当権設定契約を作成して公証・認証を受けた後、当該契約を登記機関（National Registration Agency for Secured Transaction）に登録する必要があります。このように不動産に対する抵当権の設定にはそれなりに手間がかかるという点についてご留意ください。なお、動産に対する担保権については、上記登録手続を行わなくても第三者に対抗することが可能です。ただし、担保権を設定した場合であっても、相手方が担保の実行に協力しない場合には、法的手続をとる必要があるという点には注意が必要です。つまり、後述するように、そもそもベトナムでは裁判所が法的手続を安定的に運用する能力に欠け

るため、仮に担保権を設定したとしても、そのような法的手続きにかかる費用や期間及び実行可能性を考えると、実行を断念せざるを得ないという状況も多いということです。担保権を設定したからといって安心せず、債権回収事案が発生しないように取引前から注意を行うという点が重要となります。

　最後に、ベトナムでは債権者に代わって民間企業が債権回収を代行してくれるというサービスの案内を見かけることがあります。しかし、違法な取り立てが横行していたことを背景として、投資法上、債権回収業は内資外資問わずサービスを提供することが禁止されている業種となります。そういった業者からアプローチを受けた際には、上記の点についてよく理解する必要があります。

第 **7** 章

ベトナムのM&Aに
関する法規制

第1 | **概論**

1 グリーンフィールド投資とM&A

　ベトナムの投資環境は近年改善されつつあるとはいえ、外国投資家または外資企業がベトナムで新規に事業を開始する場合、内資（内国）企業と比べてライセンスの取得が求められる場合が多く、ライセンス取得に時間と労力を要するだけではなく、ライセンスの取得自体が拒絶されることあります。このようなことから、会社を新たに設立して自前で事業を新規に立ち上げるグリーンフィールド投資ではなく、既存の企業や事業を買収する方法が用いられる場合があります。特に不動産（土地使用権や建物所有権）の移転が伴う場合には、ライセンスの取得に困難が生じる可能性があり、それを回避するために最初に内国企業がライセンスを取得したのちに、外国投資家または外資企業が内国企業を買収するという投資スキームが組まれることも稀ではありません。

　また、最近はベトナムの国内市場が拡大してきたことから、ベトナム市場に一定のシェアを有する大型企業を外国投資家が買収する案件も現れてきました。買収の対象としては、国有企業の民営化（これをベトナムでは株式化と呼んでいます）により誕生した会社や、民間企業から成長した会社があります。社会主義国家であるベトナムの大企業の多くは株式化された国有企業

で、ベトナム政府は、国家財政の健全化や企業経営の効率性向上を目的として、国有企業の民営化を積極的に実施してきました。しかし、株式化された国有企業において、国家（中央政府や地方政府）が所有する株式の割合が高い状態がなお続いており、国有株の放出が喫緊の課題となっています。

　本章では、外国投資家または外国投資家により設立されたベトナム子会社がベトナムにおいてM&Aを行う場合（以下「外資M&A」）について検討します。

2　外資M&Aの留意点

　ベトナムにおいて外国投資家またはそのベトナム子会社が、他のベトナム企業の持分や株式または投資プロジェクトを取得する場合、投資法上の要件や手続を満たす必要があります。同時に、M&Aの方法として対象会社の株式の取得や事業財産の取得が行われる場合には、対象会社に適用される企業法や証券法などに定められた手続が問題になります。このほか、一定規模以上のM&Aにおいては、競争法上の届出義務が発生し、競争当局（国家競争委員会）による審査が行われます（競争法29条以下、2019年政令75号10条以下）。

　外国投資家がM&Aによりベトナムに進出する場合、対象会社の持分または株式を買収する方法と、対象会社から投資プロジェクトを取得する方法が考えられます。前者の場合は、外国投資家による出資または持分／株式の譲渡による取得として、投資法に定められた条件（投資法24条２項）を満たし、投資法に定められた形式（投資法25条）によることが求められます。さらに、対象会社への出資や持分／株式の取得について計画投資局への登録手続が必要です。後者の場合は、外国投資家が内国企業または外資企業から投資プロジェクトを取得するには、IRCの取得や変更が必要となります（投資法37条１項、41条）。

　このほか、外国投資家が直接M&Aの当事者となるのではなく、ベトナム子会社を通じて対象会社または対象事業を取得することも考えられます。こ

の場合のM&Aの方法としては、対象会社の持分／株式あるいは投資プロジェクトの取得だけではなく、会社合併も含まれます。ただし、ベトナム子会社によるM&Aについても、投資法の規制が及ぶ場合があります。特に下記の基準を満たす外資企業の投資活動については、外国投資家と同じ投資法上の規制に服します（投資法23条1項、37条1項）。

　　ⅰ）外資子会社：外国投資家が定款資本の50％超を保有するベトナム企業
　　ⅱ）外資孫会社：外資子会社（上記 a）が定款資本の50％超を保有するベトナム企業
　　ⅲ）外資共同保有会社：外国投資家と外資子会社（上記 a）が定款資本の50％超を保有するベトナム企業

　本項では、投資法の規制が及ぶ上記の会社を便宜的に外資子会社等と呼ぶことにします。

第2 | M&A の方法

　ベトナムにおけるM&Aの基本的な方法は、諸外国と異なりません。持分買収か事業譲渡（資産買収）が中心となります。合併や会社分割といった組織再編も企業法で定められていますが、これらの制度の規制内容が不明確である上、当局の理解が十分でなく、外資M&Aで利用されることは皆無です。本項では、有限責任会社と非公開株式会社におけるM&Aの方法について、主に外資M&Aを中心に検討します。

1　持分／株式の譲渡による取得

　外資M&Aで最も利用されるのが、ベトナム企業（有限責任会社または株式会社）の持分／株式を取得する方法です。持分／株式の取得には、会社に

出資をして取得する場合（第6章第2参照）と、発行済の持分／株式を社員または株主から譲渡により取得する場合があります。本項では、持分／株式の譲渡による取得について検討します。

（1）有限責任会社

　有限責任会社における持分の譲渡は、社員間だけではなく、社員以外の第三者に対して行うことも認められています（企業法52条、76条1項・2項）。

　二名以上社員有限責任会社において、社員は持分の譲渡を自由に行うことはできません。持分譲渡について、社員の先買権が定められているからです（企業法52条1項）。これによれば、持分譲渡をしようとする社員は、他の社員に対して、その持分保有割合に応じてかつ同一の条件で持分の譲渡を申し込まなければなりません。他の社員への持分譲渡の申込から30日以内に社員からの購入の承諾がなければ、残余の譲渡対象持分について社員以外の者に対して同一の条件で持分を譲渡することができます。このため、二名以上社員有限責任会社の持分の譲渡を受ける場合、他の社員に取得の意思がないことを確認する必要があります。また、持分譲渡の結果、社員が1人になる場合には、譲渡日から15日以内に一名社員有限責任社員へ登録を変更しなければなりません（同条3項）。

　一名社員有限責任会社において、会社所有者は持分の全部または一部を他の個人または組織に譲渡することができます（企業法76条1項h号、2項）。ただし、社員総会が設置される場合には、持分の全部または一部の譲渡について社員総会の特別決議（出席社員持分の75％以上の賛成）が必要です（企業法80条6項）。持分の一部を譲渡した場合には、一名社員有限責任会社から二名以上社員有限責任会社または株式会社に組織変更します。この場合、会社は、譲渡の日から10日以内に企業登録内容の変更を行わなければなりません（企業法78条1項）。

　持分の譲渡を有効に行うには、譲受人の持分に関する情報が社員名簿に記載されることが必要です（企業法52条2項）。社員名簿への記載によって持

分の譲渡が当事者間においても有効になります。

　有限責任会社の持分に関する情報は、ERCの記載事項にもなっており、社員の氏名／名称、住所／本店所在地、国籍、身分証明書番号、企業コードが記載されます（企業法28条3項）。このため、持分の譲渡により社員に変更が生じた場合には、変更があった日から10日以内に企業登録機関においてERCの内容の変更を行わなければなりません（企業法30条）。また、譲渡により持分または持分割合に変更が生じた場合も、変更登録が必要とされています（企業登録に関する2021年政令1号51条）。登録内容の変更申請に際しては、企業登録機関に対して、社員名簿並びに譲渡契約または譲渡完了を証明する書類を添付しなければなりません（2021年政令1号51条、52条）。

（2）株式会社

　株式会社において株主は、定款で譲渡制限の定めが設けられている場合を除き、保有している株式を自由に第三者に譲渡する権利を有します（企業法111条1項d号、115条1項d号）。

　定款で株式の譲渡制限を定めたときは、株式の譲渡は定款の定めに従いますが、どのような譲渡制限が認められるかは明文の規定がありません。有限責任会社の場合のような既存株主への先買権の付与や、株主総会または取締役会による譲渡承認などが考えられます。

　株式の譲渡は株券の交付によるのではなく、当事者間の株式譲渡契約と株主名簿への記載により行われます（企業法127条2項、6項）。株式譲渡の効力が発生するのは、株主名簿に譲受人の情報が記載されたときです。また、株式会社において外国投資家が株式を取得した場合には、株式取得後10日以内に企業登録機関に通知をし、外国株主名簿の変更をします（企業法31条、25条）。

（3）投資法上の持分／株式の取得条件

　外国投資家及び外資子会社等（投資法23条1項）が内国会社の持分または

株式を取得するためには、投資法上の条件を満たすとともに、投資登録機関において事前に登録手続を行う必要があります（投資法26条2項）。

①　市場参入制限

　まず、外国投資家が内国企業の持分または株式を取得するためには、外国投資家に課せられた市場参入条件を満たす必要があります（投資法24条2項a号）。外国投資家は、対象企業の営む業種に定められた市場参入条件を満たす場合に限って、持分または株式の取得が認められるのです。この市場参入制限には二種類あり、市場参入の禁止と条件付市場参入に分けられます。どのような業種が市場参入制限の対象となっているかについては、2021年政令31号の付録にリスト化されています（付録Ⅰ外国人投資家に対する市場参入ネガティブリスト）。

　対象企業が市場参入禁止分野の事業を行っている場合には、その企業の持分/株式を取得することは認められません（2021年政令31号17条2項、付録ⅠA表・市場参入禁止分野）。

　対象企業が条件付市場参入分野の事業を行っている場合には、外国投資家は各事業分野について定められた条件を満たす必要があります（同条3項、付録ⅠB表・条件付市場参入分野）。市場参入条件として定められるのは、外国投資家の出資比率、投資形式、投資活動範囲、投資家の能力などです（投資法9条3項）。持分/株式の買収前に、対象企業が市場参入制限分野の事業を行っていないか、行っている場合には外国投資家による持分/株式の取得が市場参入条件を満たすかを慎重に検討する必要があります。なお、条件付市場参入分野については、国家投資情報ポータル上で市場参入条件についての情報が集約されるものとされています（2021年政令31号18条）。

②国防・治安維持の保障

　外国投資家による内国企業の買収が、国防または治安維持に悪影響を与えるか与えるおそれがあると判断される場合には、買収が認められない可能性

があります（投資法5条3項、2021年政令31号66条4項）。

③土地法上の制限

　外国投資家による持分/株式の取得が土地法上の規制（第7章参照）に違反しないことが必要です。

（4）登録手続

　外国投資家は、以下に該当する場合、内国企業の持分/株式を取得するためには、事前に投資登録機関において登録手続を受けなければなりません（投資法26条2項、2021年政令31号66条）。

　ⅰ）対象会社が条件付市場参入分野に属する事業を行っている場合

　ⅱ）出資または株式/持分取得の結果、対象会社における外資比率が50%超となるか、50%超からさらに増加する場合

　ⅲ）対象企業が島嶼部、国境地域、沿岸地域、国防や治安維持に影響する場所に土地使用権を有する場合

　なお、上記の場合に該当しなければ、外国投資家は投資登録機関での登録手続を経ずに、持分/株式を取得できます（投資法26条3項、2021年政令31号17条1項）[1]。

　登録手続が必要な場合は、外国投資家により持分/株式の取得が行われる内国企業が、本店所在省・中央直轄市を管轄する投資登録機関において持分/株式の取得についての登録申請を行います（2021年政令31号66条2項）。登録申請書には、買収対象企業に関する情報、買収者に関する情報、買収対価に関する情報、対象会社の投資プロジェクトに関する情報などが記載され、必要な書類が添付されます。

1　ただし、地方の投資登録機関によっては登録手続を求められるケースもあり、法令どおりの運用がなされているかについては不透明な部分もあります。

2　持分／株式の出資による取得

　持分／株式の出資による取得は、買収対象会社に資金需要があるときに利用されます。譲渡による取得と異なり、出資による場合には資本金の変更などが発生するため、会社の定款変更など対象会社の機関による決定が必要になります。

　出資による持分または株式の取得については、第6章第2を参照ください。

3　事業譲渡

（1）M＆Aの手法としての事業譲渡

　他の企業から事業を譲り受けることもM&Aの手法としてよく行われます。持分／株式の取得による場合、企業全体を買収することになるので、買収対象企業に潜む様々なリスクも引き受けなければなりません。これに対して、事業譲渡による場合は、資産や負債、あるいは契約関係を取捨選択して取得することができるので、対象会社の潜在的リスクを回避することが可能です。その反面で、事業譲渡の場合は資産や契約関係を個別的に取得することになるので、譲渡手続が煩雑になるという側面もあります。特にベトナムでは不動産の移転が伴う場合に登記の変更に多くの時間がかかる可能性があります。このため、M&Aの手法として事業譲渡を利用することは、承継される資産や契約の数が少なく、不動産に関する権利の移転が伴わないなど、一定の条件を検討する必要があります。

　ベトナムで外国投資家が企業から事業を譲り受ける方法としては、自ら事業を譲り受ける方法、ベトナムに子会社を設立して事業を譲り受ける方法、既存のベトナム子会社が事業を譲り受ける方法が考えられます。具体的な事業の取得について外国投資家がどのような方法を採用できるかは、対象事業について定められている市場参入条件を参照する必要があります（投資法9条3項）。

　このほか、ベトナム特有の事業譲渡の方法として、外国投資家が事業開始前の投資プロジェクトを内国企業から譲り受けたのちに、ベトナム子会社を設立し事業を開始することがあります。これは、事業内容によっては内国企業が投資ライセンスを得やすいため、内国企業が投資ライセンスを取得したのちに外国投資家が投資プロジェクトの譲渡を受ける方が、容易に事業を開始できるためです（2021年政令31号48条11項）。

（2）投資法による規制

　企業が営む事業（計画）のことをベトナムでは投資プロジェクトと呼び、投資法による管理が行われています。もっとも正確には、投資プロジェクトは、企業の営む事業そのものを意味するのではなく、一定の期間に特定の場所で事業活動を行うための中長期的な資金投入案を指します（投資法3条4項）。外国投資家の投資プロジェクトは、投資の規模や経済に与える影響に応じて許認可が与えられるのです。投資家は、この投資プロジェクトの全部または一部を他の投資家に譲渡することでき、譲渡を受けた投資家は投資プロジェクトを実施する権利/義務を承継します（投資法41条1項、2021年政令31号48条1項、2項）。投資プロジェクトの譲渡についても、投資法上の許認可の対象となります。

①投資プロジェクト譲渡の条件

　投資プロジェクトを譲渡する場合、次の条件を満たしている必要があります（投資法46条1項）。

- a）譲渡される投資プロジェクトが投資家による自発的終了または投資登録機関による強制的終了の対象となっていないこと
- b）投資プロジェクトの譲渡を受ける外国投資家が、市場参入条件、国防・治安維持、土地法の遵守といった条件を満たすこと
- c）プロジェクトの譲渡が不動産譲渡、住宅建設、不動産事業に関連する場合に、土地法、住宅法、不動産事業法に定められた条件を満たすこ

と

d）国有企業から投資プロジェクトの譲渡を受ける場合、「企業の生産及び事業活動に投資された国家資本の管理と使用に関する法律」の規定を遵守すること

②投資登録証明書（IRC）の変更

　投資プロジェクトの変更により投資登録証明書の内容が変化する場合には、IRCの変更手続が必要です（投資法41条2項）。投資プロジェクトの譲渡は、投資プロジェクトの実施主体の変更が生じるため投資プロジェクトの変更手続が必要となります（投資法46条1項、2021年政令31号48条）。プロジェクト譲渡に伴う投資プロジェクトの変更手続は、譲渡対象の投資プロジェクトに対する許認可の内容により異なります。新規投資の場合と同様に、投資の規模や経済への重要性に応じて許認可機関や許認可手続が異なります（投資方針変更手続、投資者変更承認手続、IRCの変更手続）。また、不動産の譲渡や不動産事業が関連する場合には、土地法や不動産事業法などに定められている手続が必要になります（2021年政令31号48条）。

　例えば、投資プロジェクトの譲渡に際して投資プロジェクトの変更を行う場合には、投資プロジェクトの譲渡人が、投資登録機関に投資プロジェクト変更申請を行います。その際提出が必要な文書は、投資プロジェクト変更申請書のほか、投資プロジェクトの実施状況報告書、投資プロジェクトの譲渡契約書、投資プロジェクト譲受人の財務能力に関する説明資料が含まれます。投資登録機関は申請書類を審査したのち、変更された投資登録証明書を譲渡側投資家と譲受側投資家に送付します（同条10項）。

（3）企業法上の手続

　企業間で事業の譲渡が行われる場合、事業の譲渡に伴って資産の譲渡が生じます。この場合、資産の譲渡側と譲受側の企業において、資産の譲渡について組織としての決定が必要とされます。これは、企業にとって重要な資産

が譲渡されると、会社の経営に重大な変更が生じるため、出資者である社員や株主の保護のために慎重な手続きが求められるためです。この企業法上の手続は、資産譲渡を行う買収対象会社において求められる場合と、資産を取得する買収会社において求められる場合があります。

　二名以上社員有限責任会社において事業を譲渡する場合、譲渡対象となる資産の価値が直近の財務諸表上の総資産の50％以上である場合に、対象会社の社員総会の特別決議（出席社員持分の75％以上の賛成）が必要となります。これに対して、一名社員有限責任会社においては、対象会社の会社所有者が上記の資産譲渡についての決定を行います（企業法76条1項e号）。ただし、組織所有型の一名社員有限責任会社で社員総会が設置されている場合には、社員総会の特別決議（出席者の75％以上の賛成）が必要です（企業法59条3項b号）。

　株式会社が事業の譲渡により重要な会社資産を譲渡しまたは取得する場合には、資産の取得または譲渡について株主総会の決定が必要になります（企業法138条2項d号）。総会決議が必要となる重要な会社資産かどうかを判断する基準は、買収対象の資産の価額が、自社の直近の財務諸表上の総資産の35％以上であることです。この基準については、定款でそれよりも低い割合または価額を定めることができます。この株主総会の承認手続が必要かどうかは、買収会社と買収対象会社のそれぞれで判断されます。総会の承認が必要な場合、決議は出席株主の総議決権の65％以上の賛成で可決されます（企業法148条1項d号）。株主総会の決議が必要でない場合でも、株式会社が事業を譲渡または取得するには、取締役会の決議が必要です。取締役会は、その権限と法令による制限の範囲内で、投資計画と投資プロジェクトを決定する権限を有します（企業法153条2項e号）。

　なお、外国投資家が投資プロジェクトの譲渡を受けたのちにベトナムで会社を設立し、投資プロジェクトを実施する場合には、譲渡側の外国投資家が投資プロジェクトの変更手続を行った後に、会社を設立し、会社設立後に投資プロジェクトを実施することになります（2021年政令31号48条11号）。こ

の会社設立も企業法の規定に従います。

4　組織再編

　合併や会社分割といった組織再編の手法もベトナムにおけるM&Aで利用できます。もちろん、外国投資家は、組織再編の手法を直接利用することはできませんが、ベトナム子会社を通して組織再編を利用することができます。投資法上も合併や会社分割などの組織再編による投資プロジェクトの変更を認めています（投資法41条1項、2021年政令31号51条）。もっとも、ベトナムでは、M&Aの手段として組織再編は普及していません。その最大の理由は、ベトナムでの事業活動に必要な各種のライセンスを、組織再編に際して再度取得し直す必要があるからです。また、組織再編により各種の資産や権利義務の承継が生じますが、特に土地使用権などの不動産の承継を伴う場合に、所轄当局により不動産の承継が認められるか否かが不透明なことも指摘されています。

　以下、合併と会社分割について概説したのち、両者に関する投資法上の規制について検討します。

（1）合併

　ベトナムでは、日本と同様に新設合併と吸収合併が合併の手法として認められています。

　新設合併では、2社以上の会社（合併消滅会社）が合併して新たな会社（合併新設会社）となり、元の会社はすべて消滅します（企業法200条）。その際、元の会社（合併消滅会社）の財産や権利義務関係は新たに設立した会社（合併新設会社）にすべて包括的に承継されます。また、合併消滅会社の社員または株主は、合併対価として合併新設会社の持分または株式を取得します。

　吸収合併では、合併により1社以上の会社（合併消滅会社）は他の会社（合併存続会社）に吸収され、消滅します（企業法201条）。その際、合併消滅会

社の財産や権利義務関係は合併存続会社にすべて包括的に承継されます。合併消滅会社の社員または株主は、合併対価として合併存続会社の持分または株式を受け取ります（同条2項a号）。企業法は、持分／株式以外の合併対価について明確な規定を設けておらず、現金あるいは親会社の株式などを合併対価とできるかについては不明です。

　合併が認められる会社の種類は特に制限がなく、株式会社、有限責任会社、合名会社は合併を行えます。合併を行うことができるのは同種の会社間に限らず、異なる会社間の合併も認められます。この点、2005年企業法152条及び153条は同種の会社間でのみ合併ができると明確に規定していましたが、現行法ではこの規定は削除されました。

　合併当事会社の本拠の所在が異なる場合の合併も認められていて、本拠地が異なる省・中央直轄市にある会社間の合併においては、合併新設会社または合併存続会社の本拠地の企業登録局が合併消滅会社の本拠地の企業登録局に会社解散のための情報を送付するものとされています（企業法200条5項、2021年政令1号73条5項）。もっとも、本拠地の所在が異なる会社間の合併が実務上も容易に行われるかについては、当局の対応次第といえます。

　合併の手続としては、まず、合併当事会社において合併契約書の作成を行います。また、新設合併においては合併新設会社の定款案を作成し、吸収合併においては合併存続会社の定款案を作成します。その後、合併当事会社において合併契約書と定款を承認するための決議または は決定が会社所有者、社員総会、株主総会などの会社機関により行われます。会社の合併は、会社に重大な変更を加えることから、特別決議が必要となります。なお、新設合併においては、合併新設会社の会社機関の選任も同時に行われます（企業法200条、201条）。合併契約は、採択された日から15日以内に、各債権者に送付され、労働者に周知されます。

　合併手続の最後に合併についての企業登録が行われます。新設合併においては、合併により新たに設立される会社（合併新設会社）の企業登録が行われたのち（2021年政令1号25条3項）、合併消滅会社が本拠を置く地の企業

登録局は税務機関に合併の通知を行います（2021年政令1号73条）。企業登録局は、税務機関から合併消滅会社の決算及び納税義務が合併新設会社に移転した旨の通知を受けたのちに、合併消滅会社の消滅を国家企業登録データベースに登録します。

　吸収合併においても、合併存続会社について合併により企業登録内容の変更があれば、変更登録を行います。合併消滅会社については、新設合併と同様に合併消滅会社の消滅の登録を行います（同条1項）。

（2）会社分割

　ベトナムでは、日本と同様に会社分割が認められていますが、会社分割の方式は日本と一部異なります。日本では、会社分割は吸収分割と新設分割に分類されますが、ベトナムでは、日本の吸収分割はなく、消滅分割（完全分割）と存続分割（部分分割）に分類されます。

　消滅分割では、分割される元の会社（分割消滅会社）が新たに設立される複数の会社（分割新設会社）に分割され、分割される元の会社が消滅します（企業法198条）。元の会社が完全になくなり、複数の会社に分割されることから、完全分割とも呼ばれます。

　存続分割は、日本の新設分割に類似し、会社分割により会社（分割存続会社）の事業の一部が新たに設立される会社（分割新設会社）に移転します（企業法199条）。分割される会社が残り、その一部分が新設会社に移転することから部分分割とも呼ばれます。

　会社分割を利用できる会社形態は、有限責任会社と株式会社です（企業法198条、199条）。分割される会社と分割後に成立する会社が同種である必要はありません。ただし、2005年企業法は同種の会社であることを求めていました（2005年企業法150条、151条）。現行法はこの規定が削除されており、同種でなければならないという制約はなくなりました。したがって、有限責任会社を消滅分割により2社の株式会社とすることも可能です。ただし、有限責任会社と株式会社では社員の最低員数が異なっているので、分割後に成

立する株式会社の株主の数は3名以上である必要があります。

　会社分割に伴い分割対価が社員/株主に交付されます。分割対価は、分割新設会社の持分または株式です。この場合、分割対価をどのように社員または株主に分配するかは、会社分割契約書において定められます。ベトナムにおける会社分割の特徴は、会社分割により社員や株主の分割も行われ、会社分割後に別々の会社の社員/株主となることです。日本ではこれを人的会社分割と呼び、会社分割により社員/株主に交付される対価が異なることから、社員や株主を不平等に取り扱う可能性があることから、通常の会社分割の手続だけでは実現できず、社員/株主の全員の合意が必要です。ベトナムでは、この点が十分に考慮されることなく、多数決により人的分割を行うことが認められています。

　消滅分割及び存続分割のいずれの場合も、会社分割について分割消滅会社または分割存続会社における社員総会、会社所有者、株主総会の決議または決定が必要です。会社分割の決議/決定に際しては、会社分割により設立される会社の名称のほか、分割消滅会社または分割存続会社から分割新設会社に移転する資産及び権利義務に関する事項、分割対価に関する事項、労働者使用実施計画、会社分割の完了期限などが定められます。この決議または決定が採択された日から15日以内に、決議/決定の内容は債権者全員に送付され、労働者に周知されます。

　会社分割手続の最後に、会社分割についての企業登録が行われます。消滅分割においては、分割新設会社の新規の企業登録（2021年政令1号25条1項）と、分割消滅会社の消滅のための手続が実施されます（2021年政令1号73条）。存続分割においても、分割存続会社についての企業登録の変更（2021年政令1号25条2項）と分割消滅会社の消滅のための手続が実施されます（2021年政令1号73条）。

（3）投資法上の規制
　合併及び会社分割といった組織変更に際しては、投資法上、投資プロジェ

クトの変更手続が必要です。投資プロジェクトの変更申請手続は、原則として組織再編の完了後に行われます（2021年政令31号51条2項）。

　組織再編により新たに会社（合併新設会社、分割新設会社）が成立する場合において、外国投資家または外資子会社等が新設会社の社員/株主になるときは、持分/株式の取得によるM&Aの場合と同様の条件（市場参入条件、国防/治安維持、土地法上の条件）を満たすことが必要になります（本節1（3）参照）。

　外国投資家または外資子会社等が新設会社の社員/株主となる組織再編において、投資プロジェクトの変更申請手続は、組織再編前の企業が行っていた投資プロジェクトを引き続き実施するか、投資プロジェクトを引き継がずに新たに投資プロジェクトを生成するかにより異なります（2021年政令31号51条5項）。投資プロジェクトを引き継ぐときは、組織再編完了後に投資プロジェクトの変更手続を行います。この手続は、投資プロジェクトが投資方針承認の対象となっている場合と、投資登録証明書の発給だけを求められる場合に応じて、審査機関及び審査手続が異なります。組織再編により設立される企業が従前の投資プロジェクトを引き継がない場合には、組織再編による新設企業の設立登録の前に投資登録証明書の発給または投資方針承認の手続を実施する必要があります（同条2項b号）。

　なお、組織再編による投資プロジェクトの変更申請に際して提出する文書には、投資プロジェクト変更申請書のほかに、組織再編後の企業形態に関する資料、組織再編に伴う資産及び権利義務の移転内容と組織再編に関する決議または決定、投資家に関する情報、投資プロジェクトの説明資料、投資プロジェクトのための土地使用権に関する資料、投資プロジェクトで使用する技術に関する説明などが含まれます（同条2項）。

第3 | 公開会社に対する M&A

1　ベトナム法における公開会社の意義

　公開会社のM&Aは、基本的には先に述べた非公開会社のM&Aと共通していますが、企業法の規制に加えて、証券法上の規制対象となる点が異なります。

　まず、ベトナム法における公開会社の意義は、単に株式が自由に譲渡される会社というだけではなく、特別の定義がなされています。証券法によれば、公開会社とは、下記のいずれかの会社を指します（証券法32条）。

ⅰ）300億VND（日本円換算：約1億8,300万円）以上の払込済定款資本を有し、議決権付株式10%以上を保有する大株主を除いて、少なくとも100名以上の株主がいる会社、

　　　または、

ⅱ）国家証券委員会に登録して株式の新規公開を完了した会社。

　上場会社や未上場公開株取引（Unlisted Public Companies Market: UPCoM）市場で株式が取引をされている会社は、ｂ）に該当する公開会社です。ａ）に該当するのは、国有企業が株式化を行う際に、株式を従業員に割り当てて株主の数が100名以上になる場合などです。

　上場会社の株式は、市場において自由に取引がされるのが原則です。ところが、上場会社を含めた公開会社についても証券法上の外資規制が設けられています。投資法も、証券市場における出資及び株式/持分の購入は、証券法の規定に従って実施すると規定しています（投資法65条2項）。

　証券法の外資規制の中心は、外資比率の設定です。外資比率に上限が設けられた公開会社については、外国投資家の全体の保有割合が上限を超えないようにする必要があります（2020年政令155号139条）。外資比率の上限を規

定する法規としては、ベトナムが加盟している国際条約、外資比率を規定する法令、外資の市場参入ネガティブリスト[2]が挙げられます。国際条約や外資比率を規定する法令で外資比率の上限が定められている場合には、これに従います。外資に対する事業参入ネガティブリストに記載された業種（金融業、不動産業、物品旅客運送業、教育サービス、観光業など）について外資比率に関する規定が設けられていない場合には、ネガティブリストに指定された業種を営む公開会社については、外資持株比率は定款資本の50％を上限とします。持株比率の算定に際しては、無議決権株式を含めた保有株式数が算定対象となります[3]。この外資比率の上限について、公開会社は外資比率の引下げを決定することができます。この場合、公開会社は株主総会決議で外資持株比率の引下げについて決議し、定款に明記しなければなりません（2020年政令155号139条1項e号）。

　上記の場合において外資による株式所有と判定されるのは、外国人投資家の持株だけではなく、外国人投資家が定款資本の50％以上を保有する企業（外国投資企業）の持株も含まれます。この外国投資企業の定義は、企業法の定義と似ていますが、直接の外資子会社だけを含み、外資孫会社や外資共同子会社を含まない点で、より狭い範囲を対象とする点に留意が必要です。なお、公開会社における外資持株比率については、国家証券委員会に届け出ることが義務付けられています（2020年政令155号141条）。

　外資規制業種を営まない企業では、外資による株式取得に上限はありません。

　外国投資家及び外国投資企業の公開会社における持株比率が、上述の制限を超えた場合、外資持株比率が上昇しないようにしなければならず、既存の外国投資家及び外国投資企業は、株式配当や株主割当増資による株式取得を除き、株式の売却だけが認められます（2020年政令155号139条3項）。

2　ネガティブリストに関しては、本書第3章第2を参照してください。

3　2015年政令60号により追加された2012年政令58号2a条4項は、無議決権株式を外資比率の算定から除外していましたが、2020年政令155号はこの規定を削除しています。

　公開会社に対する外資M&Aも散見されています。最大の事案は、2017年のタイビバレッジによるベトナム最大のビールメーカーであるサイゴンビール・アルコール飲料（サベコ）株の取得です。サベコ株式は、ホーチミン市証券取引所に上場されていましたが、国家保有株式の放出であったために、買収の方式としては、公開買付ではなく競争入札方式が採用されました。また、2016年から2019年にかけて大正製薬がホーチミン市証券取引所上場会社であるハウザン製薬に対して行った買収においては、株式の取得と公開買付を組み合わせてハウザン製薬を子会社化しました（本章末コラム参照）。これ以外にも、JXエネルギーがベトナム石油製品販売大手のペトロリメックスの株式の8％を第三者割当増資で取得したケースや、ANAがベトナム航空の株式8.8％を第三者割当増資で取得したケースなどがあります。最近では、三井住友銀行がベトナムの民間銀行2位のVPバンクに第三者割当増資で35.9兆VND（約2,000億円）を出資し、持ち分法適用会社にすると発表したケースが注目されています。

2　株式の譲渡による取得：公開買付規制

　上場会社を含めた公開会社の株式については、ベトナム証券保管振替機構に登録し、預託されます（証券法61条1項、62条1項）。このため、公開会社の株式の譲渡は、ベトナム証券保管振替機構に設けられた証券預託口座を通じて行われます。株式の譲渡の効力は、ベトナム証券保管振替機構の証券預託口座に記入された日に生じます（証券法64条2項）。これらの公開会社の株式は、多くの場合、証券取引所や店頭登録市場において取引されますが、公開会社の中には株式が市場で取引されていないものもある点に留意が必要です。

　証券取引所または店頭登録市場における株式の取引は原則的には自由ですが、株式を大量に取得する場合には、一定の義務が課せられます。

（1）大量保有報告

　第一の義務は、公開会社の議決権株式の5％以上を保有する大株主（証券法4条18項）とその関係者に課せられる義務です（証券法118条1項e号）。大株主とその関係者（証券法4条46項）は、公開会社の議決権株式の5％以上を取得した場合、または保有する議決権が5％未満となった場合について情報を開示しなければなりません（証券法127条1項）。この情報開示は、公開会社の大株主になった日または大株主の地位を失った日から5営業日以内に、大株主から公開会社、SSC及び証券取引所（上場している場合）に対して所定の書式に従って行われます（2020年通達96号31条1項）。

　また、大株主とその関係者の株式保有に議決権の1％以上の変動があった場合にも、同様の情報開示義務が生じます（証券法127条2項）。

（2）公開買付義務

　第二の義務は、一定の基準を超える公開会社の株式を買収しようとする場合に、公開買付を実施する義務です。この公開買付義務は**図表7-1**の場合に生じます（証券法35条1項）。

　このように、ベトナムの公開買付は、特定の株主から大量の株式を取得する場合だけではなく、市場買付で株式を大量に取得する場合においても強制

【図表7-1】公開買付義務が生じるケース

ケース	想定状況
1	買収者とその関係者が公開会社の議決権付株式の25％以上を直接または間接に取得しようとする場合
2	買収者とその関係者が公開会社の議決権付株式の25％以上を直接または間接に保有している場合に、公開会社の株式を買い増して、議決権付株式の保有割合を35％、45％、55％、65％、75％以上に引き上げようとする場合
3	公開買付により買収者と関係者が公開会社の議決権付株式の80％以上を保有することになる場合に、買収者と関係者は、残存する公開会社の議決権付株式について、公開買付後、公開買付において提示されたのと同一の取得価格及び支払方法で30日間は買い付けなければなりません。

されており、広範囲に公開買付を義務付けるという特色を有しています。

(3) 公開買付の免除

　公開買付義務が広範囲な反面、公開買付が免除される場合も広く定められています（証券法35条2項）。

【図表7-2】公開買付が免除されるケース

ケース	想定状況
1	公開会社の株主総会により承認された発行計画に基づき発行される株式を取得する場合（第三者割当増資の場合）
2	本来は公開買付の対象となる株式の譲渡について、株式の譲渡人と譲受人を特定した上で株主総会において承認される場合
3	親子会社間の株式譲渡
4	公開オークションによる株式取得
5	会社分割または合併による株式取得
6	贈与または相続による株式取得
7	裁判所または仲裁判断に基づく株式取得

　図表7-2の公開買付が免除される場合のうち特に注目されるのが、ケース2の総会決議による公開買付免除です。公開買付の免除対象となる株式の譲渡人と譲受人及びその関係者は、公開買付免除の総会決議において議決権を有さないという制約や、総会決議の採択要件が株主の議決権総数の過半数の賛成とされるなど、総会決議に関する厳格な要件が課せられています（2020年政令155号84条）。とはいえ、総会決議で公開買付を回避できることは、株式の譲渡人にとって大きなメリットであり、公開会社のM&Aを促進させるものです。

(4) 公開買付の方法

　株式公開買付は、株式取得のために支払われる対価の種類により、現金が対価の公開買付と株式が対価の公開買付に分類されます（2020年政令155号

85条）。

　現金が対価の場合、公開買付価格は、公開買付届出書の提出日から遡って60取引日の平均参考価格を下回ってはならず、また、この期間に行われた対象会社に対する公開買付価格の最高値を下回ってはなりません（2020年政令155号91条1項）。公開買付期間中は、公開買付者は、公開買付価格を引き下げてはならず、買付価格を引き上げる場合には、公開買付期日の最終日の7日前までに買付価格の増額を公表しなければなりません。

　株式を対価とする公開買付は、典型的には公開買付者が発行する株式を対価として対象会社の株式と交換するという方法で行われます。このことから、この方式の公開買付は、exchange offerとも呼ばれます。公開買付者は、対象会社の株式と公開買付者側の株式の交換比率を提示して公開買付を実施します（同条2項）。その際、公開買付者は、株式交換のための株式発行について株式発行計画を株主総会で承認することが求められ、同時に公開買付のための交換比率についても総会の承認を得ます。また、公開買付後に対象会社の株主に交付される株式が容易に換価できるよう、公開買付終了までに交換用の株式を上場するか、店頭登録しなければなりません（2020年政令155号53条）。

（5）公開買付開始前の手続

　公開買付は、公開買付を開始する前に次の手続を行います（2020年政令155号86条）。

　　ⅰ）公開買付者は、公開買付届出書類（同条）をSSCに提出すると同時に、対象会社にも送付します。届出書類の内容は、公開買付の対価が現金であるか株式であるかによって異なります。

　　ⅱ）対象会社は、届出書類受理の日から3営業日以内に、公開買付届出書類の受領に関する情報を、対象会社のウェブサイト及び証券取引所のウェブサイトに掲載します。

　　ⅲ）SSCは、完全で有効な公開買付届出書類を受理したとき、現金買付の

場合においては15日営業日以内に、公開買付の登録のための完全な届出書類を受理した旨を公開買付者に書面で通知し、同時にSSCのウェブサイトに掲載します。申請却下の場合、SSCは書面で回答し、理由を明確に説明します。

（6）対象会社の取締役会の意見と推奨

対象会社の取締役会は、公開買付届出書類の受領から10日以内に、株主・投資家に対して公開買付に関する意見と推奨をウェブサイト上で公表し、SSCに報告書を送付します（2020年政令155号87条）。

（7）公開買付代理人の義務

公開買付者のために公開買付を実施する代理人が選任されます。この公開買付代理人は、公開買付に応じた株式について売却登録を行い、公開買付が成立した際は、株式の譲渡手続や交換手続を実施します。公開買付代理人は、公開買付が適法に実施されるように公開買付者に指示し、公開買付を実施するために十分な資金を有していることを確認し、公開買付に共同責任を負います（2020年政令155号90条）。

（8）公開買付の実施

公開買付の実施は、下記のとおり行われます（2020年政令155号91条）。

ⅰ）公開買付者は、SSCが公開買付届出受理通知を発行した日（現金対価の場合）または発行登録書を発行した日（株式対価の場合）から7営業日以内に、公開買付通知書、情報公開シート（現金対価の場合）または目論見書（株式対価の場合）を、投資家、公開買付代理人及び証券取引所のウェブサイトにおいて開示します。

ⅱ）この開示の3日後から、公開買付者は公開買付を開始できます。公開買付期間は、公開買付通知書に記載された日から30日以上60日以内に設定されます。

　　ⅲ）公開買付に応募した株主は、公開買付条件が変更された場合や他の公開買付者による競争的公開買付があった場合に、応募を撤回することができます。

　　ⅳ）公開買付の結果、募集株式数より応募株式数が多い場合には、応募した株式数に比例して公開買付が実施されます。

3　株式の出資による取得：私募規制

　株式取得によるM&Aの手法として第三者割当増資がありますが、ベトナムでは、公開会社の第三者割当増資は証券法の私募規制に服します。私募とは、メディアを利用しない証券募集で、①100名未満の投資家（プロ投資家を除く）に対して募集が行われる場合、あるいは、②プロ投資家（証券法11条によれば、プロ投資家とは下記の者を指します。機関投資家、上場会社等の大企業、証券専門資格の保有者、大口投資家（2億VND以上の価値がある上場証券等を保有する個人投資家）、大口納税者（年間の課税所得が1億VND以上ある個人納税者））に対してのみ募集が行われる場合の何れかを指します（証券法4条20項）。公開会社による第三者割当増資は、少人数の出資者への株式発行なので、上記①の私募に該当します。

（1）私募の要件

　公開会社の私募について、次のような要件を課しています（証券法31条）。
　第一の要件は、公開会社株式の私募の募集対象が、戦略投資家とプロ投資家に限定されるという点です（同条1項b号）。戦略的投資家とは、財務能力、技術水準、会社との3年間以上の協力協定という基準に従って株主総会で選ばれた投資家を指します（証券法4条17項）。証券法では明示されていませんが、公開会社株式の私募については、企業法で定められている株主の優先的新株引受権は排除されるものと考えられます。M&Aの観点からは、戦略的買収の場合には戦略投資家として、財務的買収の場合にはプロ投資家とし

て、私募に参加することになります。

　第二の要件は、私募株式の譲渡についてロックアップ（一定期間の新規発行・売却の停止）期間が設けられている点です。これによれば、私募株式の譲渡は、プロ投資家間の譲渡、有効な裁判所の判決／決定または仲裁判断による譲渡、法律の定める相続による譲渡を除き、私募終了日から戦略投資家は3年間、プロの投資家は1年間制限されます（証券法31条1項c号）。

　第三の要件は、私募株式の連続発行に関する制限で、私募発行を行った場合、次の私募発行を行うためには少なくとも6か月の間隔を空けることが求められます（同条1項d号）。

　第四の要件は、外国人投資家の株式保有比率が法令に適合していることです（同条1項d号）。

（2）株主総会決議

　公開会社において私募を行うためには、株主総会において、株式発行計画、私募による調達金の使用計画、投資家の選定基準と員数を決定または承認することが必要です（証券法31条1項a号）。

　株式発行計画には、私募の目的、募集株式数、募集価格（またはその決定原則、取締役会への募集価格決定権限の委譲）、投資家選定基準、投資家数、戦略投資家またはプロ投資家の各引受株式数などが記載されます。私募がプロジェクト実施のための資金調達を目的とする場合には、私募による調達資金の使用計画には、私募により調達される資本がプロジェクト実施のために不足する部分を補うための計画を含めなければなりません（2020年政令155号43条2項）。

　戦略投資家への私募については、額面未満での株式発行も可能です。額面未満発行による私募は、戦略投資家に限り認められ、戦略投資家が引き受けた株式には3年間のロックアップがかけられます（2020年政令155号44条）。額面未満発行についても、株主総会の決議が必要です（2020年政令155号45条）。

（3）SSCへの届出

　公開会社が私募を行うに際しては、事前にSSCに私募届出書を提出し、SSCの認可を受ける必要があります（2020年政令155号48条）。届出書に不備がない場合、SSCは届出書を受領してから7営業日以内に承認書を発行し、届出書の受領をSSCのウェブサイト上で公表します。届出を却下する場合には、SSCは書面で回答し、却下理由を説明します。

　発行者は、SSCが私募承認書を発行した日から90日以内に私募を完了しなければなりません。

　発行者は、私募完了後10日以内に、エスクロー口座を開設した銀行の入金確認書を添付して、私募に関する報告書をSSCに提出しなければなりません。SSCは、不備のない報告書を受領してから3日以内に、報告書の受領通知を発行者、証券取引所、ベトナム証券保管振替機構に送付し、ウェブサイトで公表します。SSCからの通知を受領したのち、発行者は私募による受取金の凍結解除を請求できます。

ハノイ消防署

> ┌──────┐
> │ コラム │
> └──────┘
>
> ## 大正製薬によるハウザン製薬の買収
>
> 　大正製薬によるベトナムの大手製薬会社であるハウザン製薬（以下「DHG」）の買収は、ベトナムにおける外資M&Aの好例です。
>
> 　対象会社であるDHGは、主として市販薬を中心に医薬品の製造販売を行っている会社です。同社は、1974年に設立された元国有企業で、2004年に株式化されたのち、2006年にホーチミン証券取引所に上場されました。
>
> 　DHGの大正製薬による買収は、2016年から2019年にかけて行われ、大正製薬はDHG社の株式を過半数取得し、同社を子会社化しました。この株式取得は、3つの段階に分けて徐々に行われました。
>
> **（ステップ1）**
>
> 　第一段階の株式の買収は、2016年に行われました。この買収に先立つ同年5月に、大正製薬はDHGとの間で業務提携契約を締結しました。その後、7月に大正製薬は外国投資家34名からDHG株式を1株10万VND、総額2.2兆VNDで買い入れ、同社の株式の24.5％を取得しました。この株式の取得後、大正製薬はDHGの戦略投資家となり、同年8月には大正製薬の海外事業本部長がDHGの取締役に選任されました。買収後の株主構造は、SCIC（国家資本投資総公社）が43.31％を保有する筆頭株主で、大正製薬は第2位の株主となりました。
>
> **（ステップ2）**
>
> 　2018年7月に、DHGは上場会社に課せられていた49％の外国人持株制限を撤廃することについて、SSCの許可を受けました。これにより、外国人投資家がDHGの株式を100％保有することが可能になりました。このSSCから許可ののち、大正製薬はDHG株式の7.06％を取得するために公開買付を実施しました。公開買付価格は1株12万VNDで、公開買付後の大正製薬のDHGの株式保有割合は、32.00％となりました。
>
> **（ステップ3）**
>
> 　2019年3月18日から4月16日にかけて、大正製薬はDHGの発行済株式総数の21.7％を対象とした公開買付を実施しました。公開買付価格は12万VNDで、公開買付に対して発行済株式総数の15.78％の応募がありました。公開買付実行の結果、大正製薬は、DHG社の発行済株式総数の50.78％を保有することにな

りました。その後、5月20日に、大正製薬は既存株主からDHG社の0.23%の株式取得を行い、DHG社の発行済株式総数の51.01%を保有することになりました。

（本案件の特徴）

　本件は、元国有企業である上場会社に対して、公開買付が行われたケースです。DHGは元国有企業であったものの、国を代表してSCICが保有する株式の割合が41%と比較的少数であったことが、本件のような買収スキームが利用された理由であると想像されます。

　ベトナムにおける元国有企業の買収では、競争入札の方法がとられる場合が多く、企業価値の算定の根拠が不透明であったり、デュー・ディリジェンスが困難であることが指摘されています。本件のように時間をかけて対象会社の業務内容や企業価値を把握した上で、公開買付を利用して株式を取得するという方法は、上記のような元国有企業の買収に伴う問題点を回避するための好例といえるでしょう。

ハウザン製薬工場

第 **8** 章

ベトナムの人事・労務

第1 | 概要

　ベトナムの労働法制は、ソ連の影響を受けているとされており、労働者に有利に設計されています。労働法制については主に労働傷病兵社会省（Ministry of Labour, Invalid and Social Affairs: MOLISA[1]）の所管となり、労働法（2021年1月1日施行の2019年労働法（以下「労働法」または「現行法」）及び2012年労働法の他、労働傷病兵社会大臣が労働法の実務運用について施行細則等を公布します。

　また、ベトナムにおいては、共産党体制の一部として労働総同盟（Vietnam General Confidential of Labour：VGCL[2]）を頂点とする労働組合が組織されている点にも特徴があります。労働組合は、各企業内のみでなく、省・中央直轄市より一段階下の行政単位である県・区レベルでも組織されており、各企業内に労働組合が組成されていない場合、その上級組織にあたる労働組合が労働争議の手続へ関与することなどが労働法で定められています。

　労働法については、厳格な法規制に対して日系企業が頭を悩ませることの多い分野であるため、トラブルが起きる前に、現地専門家に自社の労働法対応に問題がないか、相談をしておく必要性が高いでしょう。

1　http://english.molisa.gov.vn/Pages/home.aspx

2　http://www.congdoan.vn/aboutus

第2 ｜ 労働契約、就業規則、労働協約

1　労働契約

　労働者を雇用する際には、労働契約を必ず締結する必要があります（労働法13条2項）。以下では、労働契約に記載する必要のある内容や締結方法について説明を実施します。

（1）労働契約の内容

　労働契約には、主に以下の内容を記載する必要があります（労働法21条参照）。

　　a）使用者の名称、住所及び使用者側で労働契約を締結した者の氏名及び役職名

　　b）労働者側で労働契約を締結した者の氏名、生年月日、性別、居住地、IDカード、またはパスポート番号

　　c）業務内容及び勤務場所

　　d）契約期間

　　d）賃金額、賃金の支払方法、賃金の支払時期、手当、その他の補充項目[3]

　　e）昇級、昇給制度

　　g）勤務時間、休憩時間

　　h）労働者に供与する労働保護設備

　　i）社会保険、医療保険及び失業保険

　　j）職業訓練

3　労働契約に定められている、給与・手当以外の業務あるいは役職の実行に関連して支給される金員であり，賞与，シフト中の食事代，労働者の親族の慶弔等に対する補助，労働者の誕生日，労働災害・職業病に遭った労働者に対する見舞金，労働契約の業務あるいは役職の実行に関連しないその他の補助・手当は含みません（2015年通達23号3条1項ｃ）。

　なお、労働契約の名称を、労働法の適用を免れる意図で業務委託契約やサービスアグリーメントとしている例がありますが、どのような名称であったとしても、その中身、合意内容によって契約内容が判断される点についても留意が必要です[4]。

（2）労働契約の締結方法

　書面または電子メールなどの電子的形式によって締結することが可能です（労働法14条1項、電子取引法10条）[5]。締結された労働契約の内容を変更する場合、附録（phụ lục）と呼ばれる書面を締結する方法が一般的ですが、旧法とは異なり、現行法においては、附録によって契約期間の変更をすることができない点には、注意が必要です（労働法22条）。

（3）労働契約の種類
①有期契約・無期契約

　現行法上、労働契約は、a）無期契約、b）36か月までの有期契約の2つに分類されます（労働法20条）。

　有期労働契約の終了の際、期間満了後30日を経過した後も新規の労働契約を締結することなく労働が継続されている場合、無期契約に転換されてしまいます（同条2項b）。したがって、有期労働契約を更新したい場合には、上記期限内に再度有期労働契約を締結する必要があります。

　有期労働契約の更新は1回のみ可能であり、有期労働契約を一度更新し、更新された期間の終了後、引き続き勤務させる場合、無期契約にて労働契約を締結しなければならない（同項c）という点にも留意が必要です[6]。

4　例えば、給与の支払いを受けていれば、役員等も労働者として労働法の適用を受けるなどとされるため、個別の事案ごとに弁護士など法律専門家に相談することが推奨されます。

5　契約期間が1カ月未満の労働契約（18歳以上の季節的業務に従事する労働者、15歳未満の労働者、および家事手伝いの労働者との契約を除く）は、口頭で締結可能です。

6　例外として、国が資本を有する企業の社長として雇用される者、定年を迎えた高齢の労働者（労働法149条1項）、外国人労働者（労働法151条2項）、及び労働組合の指導機関の構成員である労働者（労働法177条4項）との有期労働契約については、複数回更新可能です。

②試用契約

　ベトナムにおいても労働者を試用することは可能です。試用の際、その期間については、1つの業務について1回のみ可能とされており、職務内容によって試用可能な期間の上限が定められています（労働法25条）[7]。試用期間の上限は、その職務内容に応じて**図表8-1**のとおりです。

【図表8-1】試用期間の上限

職務水準	期間の上限
企業法等に定める企業の管理者※	180日以内
短期大学以上の専門性、技術水準を必要とする職	60日以内
中級の専門性、技術水準を必要とする職	30日以内
その他の業務（単純作業など）	6日以内

※例えば、現地法人の社長等の候補者が想定されています。

　試用期間中の賃金は、両当事者の合意で決定されますが、最低でも同種業務の賃金の85％以上に設定する必要があります（労働法26条）。

　試用契約期間終了の際、使用者は、採用の諾否を試用者に対して通知しなければなりません。試用結果が使用者の要求を満たす場合、通常の労働契約に移行され、要求を満たしていない場合には、試用契約は終了します（労働法27条1項）。試用期間中は、使用者側も労働者側も、事前通知や賠償を行うことなく、試用契約を中途で解除することが可能です（同条2項）。

③パートタイム労働契約

　日本同様、パートタイムでの労働者を雇用することは可能です。パートタイムでの労働者についても、通常の労働者と同等の権利を有し、差別的な取り扱いを行うことはできません（労働法32条3項）。

7　文言上は、別の業務であれば再度の試用も可能なように解釈できますが、別の業務とは何かが明確にされていないため、安易に業務を変更して試用を繰り返すことは避けるべきと考えられています。

2　就業規則

（1）就業規則の作成義務

　ベトナムにおいて、使用者には就業規則の作成義務があります。さらに、10名以上の労働者を使用する場合、就業規則は書面で作成しなければなりません（労働法118条1項）。また、就業規則の発行、修正を行う際には、労働組合がある場合、労働組合から意見を聴取し、それを参考にしなければならないとされています（同条3項）。

　10名以上の労働者を使用する場合、使用者は、作成した就業規則を当局へ登録する義務があり（労働法119条1項）、当該登録手続きを行ってから15日後、就業規則が発効します（労働法121条）。

　10名未満の労働者を使用する場合、使用者が書面で就業規則を発行した場合に、当該規則に定めた発効時期に就業規則は発効します（同条）。

　このほか、就業規則は、労働者に通知された上、職場の必要な場所に掲示されている必要があります（労働法118条4項）。

　なお、ベトナムにおいては、発行された就業規則へ記載された懲戒処分のみ実施可能であるため、懲戒処分実施時に就業規則へ記載がない、就業規則が発効していない場合に懲戒処分を実施できないということとなるため、注意が必要です。

（2）就業規則の内容

　就業規則には、労働法その他関連法令に違反しない範囲で、主に以下の内容の記載が必要とされています（労働法118条2項）。

　a）勤務時間、休憩時間

　b）勤務地規則

　c）勤務地における労働安全衛生

　d）職場のセクシャルハラスメントの予防・防止に関する事項及び職場においてセクシャルハラスメントがなされた際の処分手順、手続

　d）使用者の財産、営業機密、技術機密、知的所有権の保護

　e）労働契約と異なる業務に一時的に労働者を移動させる場合

　g）労働者の労働規律違反行為及び懲戒処分の形式

　h）損害賠償責任

　i）懲戒処分権限を有する者

3　集団労働協約

　「集団労働協約」とは、団体交渉を通じて内容を確定し、かつ、各当事者が書面により合意したものと定義されています（労働法75条）。集団労働協約の作成は任意であるため日系企業では作成されている例はそこまで多くありません。

第3 | 賃金

1　同一労働同一賃金、賃金の用途制限等

　ベトナムにおける賃金について、同一労働同一賃金が原則とされており、性別による差別も禁止されています（労働法90条3項）。なお、使用者が労働者の賃金の用途を制限したり、賃金の使用について干渉したりすることは認められておらず、使用者または使用者の指定するその他の部署の商品・サービスの購入に賃金を使用するよう強制することもできません（労働法94条1項）。

2　時間外労働・夜勤の割増賃金

　ベトナムでは、時間外労働と深夜労働（午後10時から午前6時における労

働）について、通常の賃金に対して**図表8-2**に記載のとおり割増賃金を支払う必要があります（労働法98条）。

【図表8-2】割増賃金表

	通常日	週休日	祝日、旧正月、有給休暇日
時間外労働	150%以上	200%以上	300%以上
深夜労働	30%以上の割増賃金を加算		
時間外かつ深夜労働	上記に加え、時間外労働の20%を加算		
	210%以上 （＝150％＋30％＋150％×20%）	270%以上 （＝200％＋30％＋200％×20%）	390%以上 （＝300％＋30％＋300％×20%）

3　昇給等

　昇給や昇格、手当、補助、労働者に対するその他奨励制度は、労働契約、集団労働協約または使用者の規定において合意されるものとされています（労働法103条）。現地に進出する日系企業において、年次昇給が法律上強制されていると誤解している例が散見されますが、上記のとおり、法律上強制されるわけではなく、あくまでも労働契約、集団労働契約または使用者の規定において合意された内容のとおりに昇給がなされることとなります。

　使用者には、賃金の支給根拠とするため、自社の業務や職位に基づく賃金等級、賃金テーブル及び労働基準[8]の作成義務があります（労働法93条1項）。昇給は、この賃金等級及び賃金テーブルに基づき実施されることとなります。なお、旧法下では、賃金テーブルは政府の規則に従って作成する必要があり、隣接する上下2等級間の差を5％以上設けなければならない（2013年政令49号7条2項）といったルールがありましたが、このルールは撤廃されたため、

8　「労働基準」とは、多くの労働者が通常労働時間を延長せずとも実施可能であることが保障される業務の質・量の平均的水準であり、試験導入した上で、正式導入されなければならないものとされています（労働法93条2項）

現在では、各社で自由に賃金テーブルを設定できるようになりました。

　使用者は、賃金等級、賃金テーブル及び労働基準を作成するにあたり、基礎レベル労働者代表組織（事業所労働組合）の意見を参考にした上、導入前に職場で公開、周知しなければならない点に留意が必要です（労働法93条3項）。なお、あくまでも意見を参考にすればよいとされているのみであるため、労働組合の意見をどこまで反映するかは企業側に委ねられていると解されています。

4　賞与（ボーナス）

　法令上、賞与（ボーナス）について、使用者に支給する義務はありません。しかしながら、ベトナム社会では、旧正月（テト）休暇前に、給料1か月分を基準としてボーナスが支給されることが実務上当然となっているため（13か月目の給与やテトボーナスと表現されます）、これを支給しないと、労働者の信頼は得られないため、実務上は支給をすることが推奨されます。

5　最低賃金

　現状、ベトナムでは、主に公務員に適用される「基礎賃金」と、企業などに適用される「地域別最低賃金」の2つの最低賃金制度が存在しています[9]。

　過去の動向では、いずれも毎年引き上げられており、今後もしばらくはこの傾向が続くと見られています（**図表8-3**）。

---

[9] 本書では特に言及のない限り、企業などに適用される「地域別最低賃金」を指して「最低賃金」といいます。

【図表8-3】直近5年の地域別最低賃金（月額）（2024年3月時点）

地域区分[※1]	2017年	2018年	2019年	2020年	2022年
第1地域	375万VND	398万VND	418万VND	442万VND	468万VND
第2地域	332万VND	353万VND	371万VND	392万VND	416万VND
第3地域	290万VND	309万VND	325万VND	343万VND	364万VND
第4地域	258万VND	276万VND	292万VND	307万VND	325万VND

注　新型コロナ禍の影響から2021年は地域別最低賃金の改定は行われませんでした。また、景気の停滞を考慮して、2023年も地域別最低賃金の改訂は行われませんでした。2024年は、月額で平均6％程度引き上げられる予定です。

※1　各都市の経済発展度に応じて区分されており，ホーチミン市やハノイ市などが最も高い「第1地域」に設定されています。最低賃金の金額改定に合わせて，地域区分も変更されることがあります。

6　賃金の支払い方法

　賃金支払いの方法は、現金払いでも銀行振込払いでも可能ですが、銀行振込の場合、口座開設及び振込手数料等は使用者の負担となります（労働法96条2項)[10]。

　ベトナム人労働者への賃金は、労働契約中にVNDにて記載し、VNDにおいて支払いを行わなければなりません。外国人労働者への賃金は、労働契約中に外貨で合意し、支払いを行うことができます（労働法95条2項）。

　なお、使用者は、賃金支給にあたって、賃金、時間外労働の賃金、深夜労働の賃金、控除額及びその内容等を明記した「給与明細」の発行が義務付けられています（同条3項）。

10　実務上は、銀行振込の方法により支払われる例が多いです。

第4 | **労働条件**

1 労働時間

（1）通常労働時間

　通常労働時間は、1日あたり8時間、かつ1週間あたり48時間を超えては
ならないとされています（労働法105条1項）。また、使用者は、労働時間を
1日あたりまたは週あたりで設定でき、週あたりで設定する場合の通常労働
時間は1日10時間以内、週48時間以内としなければなりません（同条2項）。
なお、割増賃金が発生する深夜労働の時間は、午後10時から午前6時までで
す（労働法106条）。

（2）残業

　労働者に残業させる場合は、以下の条件を満たす必要があります（労働法
107条2項）。

　a）労働者の同意を取得すること

　b）時間外労働が1日の通常労働時間数の50％を超えていないこと、週あ
　　　たりで通常労働時間を規定している場合、通常労働時間と時間外労働
　　　の合計が1日12時間を超えず、1か月40時間を超えてないこと

　c）時間外労働が1年間に200時間を超えていないこと（下記同条3項に
　　　規定された場合を除く）。

　上記c）の例外として、以下の産業分野、業種、業務の1つにあたる場合、
年間300時間までの時間外労働が認められます（同条3項）。この場合、各省・
中央直轄市の労働傷病兵社会局に書面で通知する必要があります（同条4項）。
以下が年間300時間までの時間外労働が認められる場合です。

　a）繊維、縫製、皮革、履物、電気・電子製品の輸出のための生産・加工、

農業・林業・塩業・水産物の加工

ｂ）電力の生産・供給、通信、石油精製、給排水

ｃ）高度な専門・技術水準が求められ、労働市場で十分かつ適時に提供されない労働者を必要とする業務を処理する場合

ｄ）原料・製品の季節性・タイミングのために緊急で遅延できない業務を処理しなければならない場合、または事前想定できない客観的要因や天候、自然災害、火災、戦災の被害、電力不足・原料不足・生産ラインの技術的な問題により発生した業務を処理するため

ｄ）政府が定めるその他の場合

2　休憩

　1日6時間以上労働する労働者には、少なくとも30分の連続した休憩時間を付与し、深夜労働の場合は、少なくとも45分の連続した休憩時間を付与しなければなりません（労働法109条）。この休憩時間は労働時間に含まれません。ただし、シフト制労働の場合であって、6時間以上連続して労働する場合、休憩時間が労働時間に算入され、別シフトに移る前に少なくとも12時間の休息を労働者に付与しなければならないとされています（労働法110条）。

3　休日

（1）週休

　原則として、労働者に1週間あたり1日の休日を付与する必要があります。一般的には土日を週休としている例が多いです。週休日が労働法で定める祝祭日と重なった場合は、次の営業日が振替休日となります（労働法111条）。

（2）祝日

　ベトナムの祝日は年間11日設定されています（労働法112条1項）。具体的

には以下のとおりです。なお、日系企業は、ベトナムのカレンダーに合わせて業務をしつつ、日本のお盆休みや年末年始には、本社側に合わせて休業としている例が多いです。以下が労働法で定める祝祭日です。

　　a）陽暦の正月：1月1日（1日間）

　　b）旧正月（テト）：新暦1月末〜2月中旬（計5日間）

　　c）フンブオン記念日：旧暦3月10日（1日間）

　　d）南部解放記念日（戦勝記念日）：4月30日（1日間）

　　d）メーデー：5月1日（1日間）

　　e）建国記念日：9月1日とその前後いずれか1日のうち、首相が決定する日（計2日）

（3）年次有給休暇
①有給休暇の付与日数

　年次有給休暇について、ベトナム労働上、使用者の下で12か月間勤務した労働者に対して、原則12日間[11]の年次有給休暇（年休）が与えられ（労働法113条1項）、その後は、勤続5年につき1日ずつ加算されるものとされています（労働法114条）。勤務期間が12か月未満の者には勤務した月数に比例して年休が付与されます（労働法113条2項）[12]。なお、試用期間中の労働者については有給休暇は発生しないと考えられています。

②年次有給休暇の時季指定権

　ベトナムにおいて使用者が労働者に対して年次有給休暇を取得する時季を指定したい場合、使用者は、労働者の意見を参考にして年次有給休暇取得日を設定し、それを労働者に事前に通知する必要があります（労働法113条4項）。労働者の意見を参考にしたことの証跡として、電子メール等で労働者

---

[11]　未成年、障害者、重労働・有害・危険業務従事者は14日、特に重労働・有害・危険な業務従事者は16日（労働法113条1項b、c）間付与されます。

[12]　例えば半年間勤務すれば、6日間年休を取得することとなります。

との協議を行い、当該電子メール等を保管しておくことが推奨されます。

③年次有給休暇の買取義務

　労働者は、退職時、未消化の年次有給休暇の買取を使用者に対して求めることができます（労働法113条3項）。清算額は、日割りの賃金に未消化の年次有給休暇を乗ずることによって、算定されます。

　使用者は、普段から年次有給休暇を積極的に取得させるように促すとともに、年次有給休暇の繰り越し期間や繰り越し可能日数について事前に労働者と合意しておくという運用によって、有給休暇の買取義務が発生しないよう、管理をすることが推奨されます。

4　出向・異動・転勤

　労働者と個別の合意を行った場合には、当該労働者の出向、異動及び転勤が可能です。ただし、異動については、自然災害、火災、危険な疫病、労働災害の阻止・克服措置の適用、職業病、電気・水の事故、または生産・経営上の必要性がある場合には、労働者との個別の合意なくとも、年間で合計60日以内の一時的なものであれば実施可能です（労働法29条1項）。

　異動を行う際には、3営業日前までに異動の期限を明示した上で労働者に通知し、労働者の健康、性別に合致した業務配置をしなければならないとされています（同条2項）。

　一時的な異動の場合の賃金について、新たな業務に従ったものとなりますが、通常業務よりも異動後の業務の賃金の方が低い場合、30営業日は従来の賃金が維持され、また、異動後の業務の賃金は最低賃金以上であって、従来の賃金の85％以上としなければなりません（同条3項）。

5　女性・年少者の保護

（1）妊娠・産休制度
①妊娠中の女性の保護

　使用者は、妊娠7か月目以降の女性、及び12か月未満の子を養育中の女性[13]を、深夜・時間外に労働させたり、長距離の出張をさせることができません（労働法137条）。また、使用者は、結婚、妊娠、産休、12か月未満の子の養育を理由に労働者を解雇したり、労働契約を一方的に解除したりしてはならないとされており、妊娠中または12か月未満の子を養育中に労働契約期間が満了する場合には、優先的に新しい労働契約の締結をしなければなりません（同条3項）。

②産休制度

　女性労働者は、出産前後で合計6か月の産休を取得することが認められており（ただし、産前の休業期間は最大2か月）、多胎出産の場合は2人目以降、1人につき産休を1か月延長できます（労働法139条1項）。産休中は、社会保険制度から産休手当等が女性労働者に対して支給されます（同条2項）[14]。

　妻の出産にあたって男性労働者も休暇を取得することができます（労働法139条5項）[15]。なお男性の休暇は、妻の出産後30日以内に取得する必要があります（社会保険法34条2項）。

　産休後（妻の出産にあたって休暇を取得した男性労働者を含む）、労働者は休業前の業務に就くことができ、産休前と同等の待遇が確保されていなければなりません。従前の業務がなくなっている場合、使用者は、産休前の賃

13　12か月未満の子を養育中の場合であっても、労働者の同意があれば可能です。

14　なお、女性労働者は、4か月の産休を取得すれば、復職しても問題ないという医師の確認を得た上で、使用者の同意を得て、法定の産休期間をすべて満了する前に復職可能です（労働法139条4項）。

15　社会保険に加入している男性労働者は、妻が普通分娩の場合に5営業日の休暇を取得できます。

金を下回らない賃金の別の業務に配置する必要があります（労働法140条）。

（2）未成年労働者の保護

　ベトナムでは、満18歳未満の労働者を「未成年労働者」と定義し、ａ）満15歳以上18歳未満の者、ｂ）満13歳以上15歳未満の者[16]、及びｃ）③満13歳未満の者[17]という３つの年齢区分で、従事してはならない（または従事できる）業務を定めています（労働法143条）。

　未成年労働者の就労については、上記分類に応じて、就業可能な業務や就業させることのできない業務が別途規定されているため、未成年労働者を使用することを考えている場合には、慎重な検討が必要となります。

第5 ｜ **退職・解雇**

1　法定の労働契約終了事由

　ベトナム法上、労働契約の終了事由は以下のとおりとされています（労働法34条）。

ⅰ）労働契約期間の満了

ⅱ）労働契約所定の業務の完了

ⅲ）両当事者による合意

ⅳ）労働者に懲役刑、自由刑、死刑が宣告された場合等

ⅴ）外国人労働者が国外退去処分となった場合

ⅵ）労働者の死亡または民事行為能力の喪失、失踪等が宣言された場合

ⅶ）個人である使用者の死亡、または民事行為能力の喪失、失踪等が宣言

16　満13歳以上15歳未満の労働者が従事できるのは、MOLISAの大臣が発行する一覧に従った軽度の業務のみです（労働法145条２項、および143条３項）。

17　満13歳未満の労働者が従事できるのは、芸術やスポーツなど限定的です（労働法143条４項、および145条３項）。

　　　された、法人である使用者が事業を廃止した場合等

ⅷ）懲戒解雇

ⅸ）労働者が一方的に労働契約を解除した場合

ⅹ）使用者が一方的に労働契約を解除した場合

ⅺ）使用者が、組織変更、技術の変更または経済的な理由による解雇をし
　　た、企業分割、事業譲渡等による解雇をした場合（いわゆる整理解雇）

ⅻ）外国人労働者に対する労働許可証の有効期間の満了

ⅹⅲ）試用期間において、使用者の要求する水準に達していない、または一
　　方当事者が試用の合意を解除した場合

　上記のうち、ⅳ）〜ⅷ）以外について、使用者は、労働者に対して、書面
で労働契約終了に関する通知を実施する必要があります（労働法45条1項）。
つまり、契約期間の満了や、合意による契約終了の場合であっても、終了通
知を実施する必要があるので、注意が必要です。

2　労働者からの労働契約の一方的な解除

　労働者は、ａ）無期労働契約の場合45日前まで、ｂ）12か月以上36か月以
下の有期労働契約の場合30日前まで、ｃ）12か月未満の有期労働契約の場合
3営業日前までの事前通知を行うことで、労働契約を一方的に解除する権利
を有しています（労働法35条1項）。

　上記の例外として、以下の場合には事前通知が不要とされ、労働者はただ
ちに労働契約を解除することができます（同条2項）。

ａ）労働契約と異なる業務への労働者の一時的な異動の場合を除き、労働
　　契約で合意された業務、勤務地に配置されないまたは労働条件を保証
　　されない場合

ｂ）不可抗力により賃金の支払いが遅れた場合を除き、賃金が十分支払わ
　　れないまたは賃金の支払いが遅延する場合

c）使用者による暴力、侮辱的言動、健康、人格、名誉に悪影響を与える行為がなされた場合、強制労働がなされた場合

d）職場においてセクシャルハラスメントがなされた場合

d）勤務継続が胎児に悪影響を与えるという判断を医療機関がした妊娠中の女性労働者

e）定年退職年齢に達している場合（別段の合意がある場合を除く）

g）労働契約締結時の情報提供義務を使用者が誠実に履行せず、労働契約の履行に影響を与える場合

3　使用者からの労働契約の一方的な解除

（1）普通解雇
①普通解雇事由

使用者は、以下の場合に普通解雇として一方的に労働契約を解除することができます（労働法36条1項）。

a）具体的業務完了評価基準に照らして労働契約上の義務の不履行が繰り返されていると判断される場合[18]

b）長期間の療養[19]による勤務不能の場合

c）自然災害、火災、危険な疫病、当局の要求に従ったことによる損害、拠点の移動、及び事業の縮小による雇用削減を行う場合（雇用を継続するための方法を検討したものの、雇用を継続できないことが必要）

d）兵役等による労働契約の休止期間後15日以内に労働者が出勤しない場合

d）定年退職年齢に達した場合（別段の合意がある場合を除く）

---

[18]　具体的業務完了評価基準は、社内労働組合の意見を参考にして作成した上、告知されている必要があります。

[19]　「長期間」について、具体的には、無期限労働契約の場合は12か月、12か月以上36か月未満の有期限労働契約の場合は6か月、12か月未満の有期限労働契約の場合は労働契約期間の2分の1を超える期間をいいます。

　　e）正当な理由なく5日以上連続で欠勤した場合

　　g）労働契約締結時の情報提供義務を労働者が誠実に履行せず、採用に影
　　　響を与える場合

　上記に該当する場合であっても、ⅰ）医療機関の判断に従って、労働者が
病気、労働災害、または職業病について治療、療養中である場合、ⅱ）年次
有給等を取得中である場合、及びⅲ）妊娠中、産休中、生後12か月未満の
子供を養育している場合には、使用者からの一方的な解除を行うことはでき
ない点に注意が必要です（労働法37条）。

②普通解雇の手続

　①記載の普通解雇事由のうち、a）、b）、c）、d）、及びg）の場合には、
以下のとおり事前通知を行う必要があります（労働法26条2項）。それ以外
のd）及びe）の場合、事前の通知は不要で、使用者はただちに労働契約を
解除することができます（同条3項）。

　　a）無期労働契約：45日前まで

　　b）12か月以上36か月以下の有期労働契約：30日前まで

　　c）12か月未満の有期労働契約及び①記載の普通解雇事由b）の場合：3
　　　営業日前まで

（2）懲戒解雇

①懲戒処分

　労働法上、認められる懲戒処分の種類は、以下に限定されています。

　　a）けん責

　　b）6か月を超えない昇給期間の延長

　　c）免職（降格）[20]

　　d）解雇

20　その職位、職名を免ずるという意味であり、降格に近い意味です。

　さらに懲戒処分について就業規則、労働契約その他労働法に定めのない違反行為を理由に実施することができません（労働法124条、127条参照）。また、病気の治療のための休養中の労働者、使用者の同意を得た休暇中の労働者、妊娠中、産休中、生後12か月未満の子供を養育している妊娠中の女性労働者、逮捕・拘留中の労働者などに対する懲戒処分は認められません（労働法122条4項）。

　上記ｄ）記載の懲戒解雇については、法定されている以下の場合に限って実施することができます（労働法125条）。

　ⅰ）犯罪行為（職場での窃盗、横領、賭博、故意に人を傷つける行為、または麻薬の使用）

　ⅱ）企業秘密の漏えい、知的財産への侵害など使用者の財産利益に重大な損害を発生させる行為、または就業規則に規定されている職場でのセクシャルハラスメント行為

　ⅲ）昇給期間の延長または免職の懲戒処分を受けた労働者が、懲戒処分が完了するまでの間に同様の（1回目の処分の理由となった）違反行為を再度行うこと

　ⅳ）正当な理由[21]なく30日間に合計5日または365日間に合計20日以上無断欠勤をした

　日本において認められている労働者への罰金や減給については、懲戒処分として実施することは認められていません。ただし、使用者の財産を毀損した場合等の損害賠償請求（労働法129条）を行う際に限っては、損害賠償金額について賃金から天引きすることが認められています[22]。

21　災害、本人または親族の病気（医療機関による証明書を要する）および就業規則で定めるその他の場合は、正当な理由があるとみなされるものとされています。

22　就業規則へ当該手続について規定する必要があるほか、天引き額を月額賃金の30％以下としなければならない（労働法102条3項）など、詳細な制約が課されているため、実施の際には慎重な対応が必要です。

②懲戒処分手続における留意点

懲戒処分手続における実務上の留意点としては、まず、懲戒事由が複数にわたる場合であっても、処分は最も重い処分が予定されている１つの事由に限られる点です（労働法122条２項、３項）。

次に、懲戒事由についての立証責任が会社側にあり（同条１項ａ）、処分決定に際しての検討に事業所の労働者代表組織（事業所労働組合）の参加が必須とされている（同項ｂ）など、使用者側に慎重な対応が要求される形となっています。その他、詳細な手続が求められるため、懲戒処分を実施する際には現地の専門家への相談が推奨されます。

また、懲戒処分を実施する際には、時効が設定されており、時効期間は、財務や技術上の秘密侵害に関連する違反行為については、当該行為発生の日から12か月以内、それ以外については違反行為から６か月とされているため（労働法123条１項）、期間満了前に懲戒処分を実行しなければならないという点にも注意が必要です（同条３項）、

（3）整理解雇事由

整理解雇は、法定されている以下の場合に限って実施可能です（労働法42条、43条）。ただし、整理解雇について実施可能な場合の規定内容が曖昧であるため，実際に整理解雇が可能かどうかは、現地の法律専門家に相談することが推奨されます。

① 　組織再編または技術的変更により労働者の雇用を維持することができない場合：

　ａ）組織構造の変更、労働の再編成

　ｂ）使用者の業種、職種にかかる工程、技術、機械、生産設備の変更

　ｃ）製品または製品構造の変更

② 　経済的理由により労働者の雇用を維持することができない場合：

　ａ）経済の恐慌や後退

　ｂ）経済の再編成時における国家の政策、法令の施行または国際条約の施

　行
③　分割、合併、事業譲渡等により労働者の雇用を維持することが不可能な
　場合

　整理解雇を実施する際には、その手続きとして、①労働者使用計画の立案
（労働法44条）、②事業所労働組合との意見交換、③30日までの省級人民委員
会及び労働者への通知（労働法42条6項）、及び④失業手当の支払いが必要
となります（労働法47条）。

（4）退職手当及び失業手当
①退職手当

　使用者は、通常の退職の場合、労働契約終了時点において12か月以上連続
して勤務していた労働者に対して、1年間の勤務期間ごとに半月分の賃金を
退職手当として支払わなければなりません（労働法46条1項）。退職手当計
算のための賃金額は、労働者が退職する直前の労働契約に従った連続6か月
の平均賃金（各種手当や賞与を含む）です（同条3項）。ただし、日本とは
異なり、退職手当は、失業保険の一環として給付されるため、失業保険に加
入している期間は、退職手当の算出の基礎となる労働期間には含まれず（同
条2項），ベトナム人については、失業保険が2009年から強制加入の制度と
して導入されていることから、近似の実務上では、使用者が多くの退職手当
を負担することはありません。2009年に失業保険制度が導入される前から勤
務している場合や、何らかの理由で失業保険に加入していない期間があった
場合には、その期間分について支払う必要があります。外国人は、失業保険
の加入対象ではないため、退職手当の支払いが必要になります。なお、以下
の場合には退職手当の支払は不要です。

　a）労働者が社会保障に関する法令の定めるところにより年金を受給する
　　条件を満たした場合
　b）労働者が正当な理由なく5営業日以上連続して無断欠勤した場合（労

働法36条1項e）の場合）

②失業手当

　失業手当は、上記のとおり整理解雇を実施する際に支払う必要があると されています。これについても、退職手当と同様に、失業保険に加入している 期間分は、失業保険から給付がなされることになります。ただし、2021年2 月1日に施行された2020年政令145号8条2項において、「労働者が使用者の ために満12か月以上常時働いたが、この条3項の規定する失業手当計算のた めの期間が24か月未満の場合、使用者はその労働者に少なくとも2か月分の 賃金による失業手当を支払う責任を負う。」という規定が追加されたため、 失業手当については、退職手当とは異なり、12か月以上勤務した労働者に対 しては、失業保険の加入期間を控除した勤務期間にかかわらず、最低2か月 分の賃金による失業手当を支払わなければならない点に留意が必要です。

4　定年退職

　労働法上、現在、通常の労働条件の労働者の定年退職年齢は、**図表8-4**の とおりです（労働法169条2項）。重労働や危険な条件下で勤務する等の一定 の労働者は、労働者が希望する場合、**図表8-4**記載の年齢よりも5年早く定 年退職することが可能であり（同条3項）、他方、高度の専門技術が要求さ れる労働者であって、別途政府の定める条件をみたす労働者は、上記よりも 最長5年遅く定年退職することが可能とされています（同条4項）。

【図表8-4】男女の定年年齢

	定年年齢
男性労働者	満60歳（2021年より、62歳に達するまで毎年3か月ずつ定年年齢を引き上げる。/*62歳に達するのは2028年）
女性労働者	満55歳（2021年より、60歳に達するまで毎年4か月ずつ定年年齢を引き上げる。/*60歳に達するのは2035年）

第6 | **労働紛争・ストライキ**

1　労働紛争

　ベトナムにおける労働紛争は、以下のように分類されます（労働法179条）。

ⅰ）個別的労働紛争：労働者個人と使用者との紛争

ⅱ）権利に関する集団的労働紛争：労働者代表組織と使用者との紛争のうち、既に存在する労使間の合意・権利関係に関する紛争

ⅲ）利益に関する集団的労働紛争：労働者代表組織と使用者との紛争のうち、労使間における新たな労働条件の形成に関する紛争

　上記いずれの場合も、まず当事者による協議によって解決を図り、それでも解決ができない場合、原則として調停を前置した上、所定の紛争解決手続きを経ることとなります。

　労使のいずれも、調停、仲裁及び裁判など、労働紛争の解決機関が手続きを行うとされている労働法所定の期間内に、相手方当事者に対して再対抗する一方的行動をすることはできないとされています（労働法186条）。

　現行法には労働紛争解決の手続きが詳細に規定されていますが、実務上は、調停や仲裁の手続きが取られている例は多くないといわれており、労働者が裁判所に提訴し、判決や和解によって、使用者側が、労働者側の要求をほぼ受け入れる形で解決される例が多く見受けられます。

2　ストライキ

　「利益に関する集団労働紛争」について、労働調停人による調停、あるいは労働仲裁委員会による仲裁が不調に終わった場合、労働仲裁委員会が設立されない、設立されたが争議解決決定を出されない場合、又は使用者である

争議当事者が労働仲裁委員会の決定事項を実施しない場合に法律上ストライキをする権利が認められています（労働法199条）。ストライキを実施する際には、ストライキを実施するかどうか意見聴取し、ストライキ実施の決定とその旨の通知、及びストライキの実行という流れとなります（労働法200条）。

　ストライキを実行する際、使用者は、通常活動の維持、または財産を保護する条件が不十分な場合に、ストライキの期間中に職場を一時閉鎖（ロックアウト）することが認められます。

　使用者は、ストライキに参加した労働者に対して、当事者間に別段の合意がない限り、賃金を支払う必要はありません（労働法207条）。他方、ストライキのために休業を余儀なくされた、ストライキに参加していない労働者に対して、使用者は、休業中の賃金（労働法99条2項）を支払わなければなりません。

　また、使用者は、ストライキの実施や参加を理由として、労働者やストライキの指導者との労働契約を終了したり、懲戒処分をしたり、異動、転勤、冷遇、報復等をしたりしてはならないとされています（労働法208条4項、5項）。

3　職場における対話

　ベトナムでは、「団体交渉」のほかに、「職場における対話」という行為が労働法に定められています。「職場における対話」は、労使間の状況、希望など理解することを目的として年一度以上実施しなければなりません（労働法63条）。

第7 | 社会保障制度

　ここまで労働契約について説明してきましたが、社会保障制度についても

ベトナムの制度に合わせて考慮する必要があります。以下ベトナムの社会保障制度の概要を説明します。

1　ベトナムの社会保障制度

　ベトナムの社会保障制度は主に、ⅰ）社会保険、ⅱ）医療保険、ⅲ）失業保険の3つから成り立っています。失業保険を除いて、外国人労働者も強制加入の対象です[23]。

（1）社会保険

　社会保険制度は、「強制」と「任意」の二種に大別され、労働契約を締結して勤務する労働者と、その労働者を雇用する使用者は強制加入対象とされます。疾病給付、妊娠出産給付、労働災害・職業病給付、退職年金、及び遺族給付という5つの制度で構成されています。外国人労働者についても、上記退職年金と遺族給付にかかわる保険料の支払いが2022年1月1日から義務付けられています。

（2）医療保険

　医療保険制度は、日本の健康保険制度と同様で、保険加入者が医療機関で支払う診療費を一定範囲で国が負担する制度です。満3か月以上の労働契約で働く労働者と給与を受給している管理職の労働者が加入の対象で、外国人も含まれています（医療保険法12条）。

（3）失業保険

　失業保険制度は2009年に導入された制度であり、失業保険金の支給や職業

23　強制社会保険への外国人労働者加入に関する2018年政令143号が2018年10月に公布され、労働許可書等を保有し、ベトナムで1年以上の労働契約を締結している外国人に対する強制加入社会保険制度が導入されました。

訓練の支援、再就職先の紹介などが制度上、受けられることになっています。外国人は対象に含まれていません（雇用法3条1項）。

2　各種保険制度の料率

社会保険、医療保険、失業保険制度の使用者と労働者の保険料の負担率は**図表8-5**のとおりです。

【図表8-5】　保険料の負担割合

	社会保険	医療保険	失業保険
使用者負担割合	17.5%	3%	1%
労働者負担割合	8%	1.5%	1%

強制社会保険料の算定基準は、賃金、手当、その他補充項目を含む額であり、ボーナスや食費、交通費などは対象外となります。各保険料の算定基準上限額は、公務員の基礎賃金の20倍（2023年水準で3,600万VND）です。なお、外国人に対する社会保険料も、基礎賃金の20倍が算定基準上限額として設定されているため、外国人の場合は給与が高額なため、ほとんどの人がこの上限額に該当すると考えられます。

第8 ｜ ビザと労働許可証

1　ビザ等の種類と要件

外国人がベトナムで就労する場合には、原則として、ビザ（査証）及び労働許可証（ワークパーミット）の取得が必要となります。

ビザ（査証）は、ベトナムへの入国とベトナムでの滞在を許可する書類で

す。現在、日本人がビザなしでベトナムに滞在できる期間（いわゆるノービザ入国が可能な期間）は入国日から45日間であり（ベトナム国民の出入国に関する法律及びベトナムにおける外国人の入国・出国・乗り継ぎ・居住に関する法律の条項の一部を改正・補足する法律2条3項）、それを超えて滞在する場合には、目的に応じたビザの取得が必要となります。

　労働許可証は、外国人がベトナムで就労することを許可した書類であり、一部の免除対象者を除いて、原則として、ベトナムで就労する外国人はすべて、労働許可証の取得が義務付けられています。

2　ビザ（査証）

（1）ビザの種類

　ベトナムへの入国と滞在を許可するビザについては、出入国法で規律されています。ビザは、入国が1回のみ認められ、一度出国すると再度入国することが認められないシングルビザと、複数回の入国が可能なマルチビザがあり、入国の目的によって、取得可能なビザの種類や期間が異なります。外国人がベトナムにおいて就労する場合、通常は、期限が2年のLĐという種別のビザを取得することとなります。

（2）ビザの申請

　ビザ取得のためには、会社から出入国管理局への書面の提出が必要となります。ベトナム法人発行の招聘状をはじめ、指定書面の必要書類はビザの種類に応じて異なりますが、一般的には以下のような書類が要求されます。

　ⅰ）ビザ申請書（書式指定）

　ⅱ）パスポートコピー（6か月以上有効期限が残っているものと写真）

　ⅲ）在ベトナム企業の法律上の登録状況に関する証明書のコピー

（3）一時滞在許可証（TRC）

　外交機関に所属する者や、投資、就労等のためにベトナムに滞在する者は、TRCを申請することもできます。TRCは、ビザと同等の効力を有し、カード所持者は、カードの有効期間内であれば、別途ビザを取得することなしにベトナムへの出入国が可能となります。TRCの有効期間は最長で「ĐT1」ビザの種別と同じ10年です。労働許可証の取得対象者は、労働許可証において認められる滞在期限がTRCの期限となります[24]。なお、TRCの取得は、労働許可証の取得後に可能となります。

3　労働許可証

（1）外国人の就労

　外国人がベトナムで就労するためには、免除対象者など一部の例外を除いて「労働許可証」を取得しなければなりません。ベトナムで就労する外国人は労働許可証を取得するために、次の要件を満たさなければならないとされています（労働法151条）。

　　a）満18歳以上であり、かつ十分な民事行為能力を有していること。

　　b）一定の専門・技術・技能水準、実務経験を有し、かつ保健大臣の定める健康を有すること。

　　c）外国法またはベトナム法に基づく刑の執行期間中の者、犯罪歴が抹消されていない者、または刑事責任追及中の者ではないこと。

　　d）労働許可証を取得していること。

　労働許可証の期限は最長2年であり、延長は1回限りで最長2年に限られます（労働法155条）[25]。このため、外国人が就労先と締結する労働契約書の

24　外国人労働者がベトナムで就労する場合の一般的な流れとしては、まず短期商用ビザでベトナムへ入国し、ベトナム国内で労働許可証を取得した後、TRCを取得して継続してベトナムに滞在するものです。

25　労働許可証の1回の延長を経た後は、労働許可証を再取得する形になります。

期限も最長2年に制限されますが、ベトナム人労働者とは異なり[26]、外国人と締結する労働契約は、有期労働契約を複数回締結することが可能です（労働法151条2項）。

　労働許可証の申請時期、発給までの期間、手数料、及び必要書類（新規申請の場合）については、JETRO「ベトナムにおける労働許可書／ビザ（査証）の取得手続き」[27]に詳細な説明がなされています。

（2）労働許可証の免除対象

　ベトナムで就労する外国人は、原則として全員、労働許可証を取得する必要がありますが、以下に定める外国人労働者は、労働許可証の取得が免除される場合があります（労働法154条）。

　ⅰ）政府が定める出資額を有する[28]、有限責任会社の所有者または出資者

　ⅱ）政府が定める出資額を有する[29]、株式会社の取締役会会長または取締役

　ⅲ）ベトナムに所在する国際組織または外国非政府組織の駐在員事務所、プロジェクト代表者、その活動の主たる責任者

　ⅳ）サービスの販売を実施するために、ベトナムに3か月未満の期間入国する者

　ⅴ）事業活動に影響する、または影響する可能性のある複雑な技術的事故・状況が発生し、ベトナム人専門家とベトナム滞在中の外国人専門家では処理できない、これらを処理するためにベトナムに3か月未満の期間入国する者

　ⅵ）弁護士法に基づき、ベトナムで弁護士業許可証の発給を受けた外国人弁護士

26　ベトナム人労働者とは有期労働契約を1回しか再締結（更新）することはできません。詳細は本章第2の1（3）参照。

27　https://www.jetro.go.jp/ext_images/_Reports/02/2017/7449e5550e1db333/vn-rp.pdf

28　出資額30億VND以上（2020年政令152号7条1項）

29　出資額30億VND以上（2020年政令152号7条2項）

vii）ベトナムが加盟する国際条約が定める場合

viii）ベトナム人と結婚し、かつベトナム領土で生活する外国人

ix）政府が定めるその他の場合

　ただし、これらの対象であっても、就労先の事業所は就労前に労働許可証取得の「免除申請」をし、その承認を得てからでなければ、就労することはできない点には留意が必要です。

ベトナムの寺院

アオザイ女性

> **コラム**

ベトナムの社会保険制度とベトナム人の働き方・人生設計

　日本では、近年、子どもの将来就きたい職業の上位に『YouTuber』がランクインしたり、副業や兼業が社会的にも許容され始めるなど、急速に、組織に所属する働き方から個人で働くことに対する意識が強まってきています。それでも、就職活動をして企業に就職し、転職したとしても、定年まで企業や組織に所属して働き続けるという生活様式が、日本ではまだまだオーソドックスといえます。では、当地ベトナムではどうでしょうか。

　まず、ベトナムの義務教育は小学校（5年間）まで（教育法14条1項）ですが、多くの人が、中学、高校までは進学します。高校卒業後は、就職するか、大学（あるいは専門学校など）に進学するかになりますが、ベトナムの大学進学率は28%[i]で、日本のように大学進学が多数派というわけではありません。

　社会に出る年齢、時期に大きなばらつきがあるため、「ベトナム人はこう働く」と一般化できるような働き方も形成されていないように感じます。家業を継ぐ人、フリーランスで働く人、友人と商売を始める人、ニートのような人など様々で、会社勤めも数ある選択肢の1つでしかなく、これら複数を同時並行的にしている人も大勢います。ベトナム労働法上の特徴の1つとして、よく、副業をする権利が法定されている（労働者が複数の労働契約を締結できる）ことが挙げられますが、「従業員とよくよく話してみると会社勤めの方が実は副業だった」などということも、日本人駐在員からはよく聞く笑い話です。

　働き方に対する考え方や環境がこうも違えば、リタイヤに対する考えもまた違います。ベトナムにも年金制度は存在し、社会保険に加入して、社会保険料を20年以上納付することで、定年年齢を過ぎれば、年金を毎月受給することができます。しかし、年金暮らしはベトナムにおける一般的な老後ではありません。ベトナムでは最近まで年金制度にあたる社会保険制度への加入が義務ではなく[ii]、また、皆保険ではないことがまず大きな要因としてあります。

　また、社会保険に加入していたとしても、制度上、定年年齢と規定の納付期間（20年）要件を満たして定年退職後に年金を受給するのか、定年年齢、納付期間を満たさない場合に一時金を受給するのかを選ぶことができるようになっています。

　実は、現行の社会保険法（2014年社会保険法）では、定年年齢を満たさなけ

れば一時金の支給もされない規則となっていました。しかし、これに対する大規模な反対運動が起き、定年年齢を満たさず、規定の納付期間を満たさなくても一時金の支給が受けられるという旧来の制度に戻ったという経緯があります。ベトナムでは、出稼ぎ労働者などを中心に20年の積立期間満了まで勤め上げる人は少なく、元気に働ける期間に都市部などで働き、一時金の支給を受けて田舎に帰り、その資金を元手に商売を始めるといった考えを持つ人が多いほか、社会保険に対する不信感や、平均寿命の短さ（73.6歳：2019年統計年鑑）などが、「定年年齢まで待てない」ことの背景にあるようです。

　「ベトナム人は（日本人のように）定年退職後も長く生きられるとは考えないんですよ」知人の一言に、日本人とベトナム人とで、人生設計に対する考え方がこうも違うのかと、しみじみ思い知らされたことがあります。

ⅰ）https://tuoitre.vn/ti-le-nguoi-hoc-dai-hoc-vn-thuoc-loai-thap-nhat-the-gioi-20190617134102003.htm
ⅱ）強制加入社会保険の加入対象者（社会保険法2条1項）:
　a）無期限労働契約・有期限労働契約・3か月以上12か月未満の季節的または特定業務に関する労働契約を結んで雇用される労働者。
　b）1か月以上3か月未満の労働契約を結んで雇用される労働者
　c）公務員
　d）防衛工員、公安工員、暗号組織従事者
　đ）軍人や暗号業務従事者
　e）人民軍および人民公安の分野で有期限で勤務する下士官・兵士、生活費を支給される軍事・公安・暗号業務の学習者
　g）契約に基づいて外国で就労するベトナム人労働者法に基づいて外国で就労する者
　h）企業の管理者、給与を受給する合作者の運営管理者
　ⅰ）村、区、町における非専従の従事者

第 **9** 章

ベトナムの不動産法

| 第1 | **概要** |

　本章では、ベトナムにおける不動産法制等について、外国人[1]・外国投資企業が不動産を所有する場合における規制内容を中心とした説明を行います。

　なお、本章において外国投資企業とは、ベトナムにおいて設立された、外国人・外国法人[2]・外国投資企業が株式又は出資持分を保有する企業をいいます。

1　不動産に関する法令

　ベトナムにおける不動産に関する主要な法令は、土地の使用権に関して規定する土地法、住宅の所有・開発・取引等に関する住宅法、及び不動産事業に関して規定する不動産事業法です。特に不動産事業法については、不動産事業に関する外資規制について定めているため、不動産事業を営む外国投資企業は詳細を把握しておく必要があります。なお住宅法及び不動産事業法は2023年に改正され、2025年1月1日より新法が施行予定となっています。土地法も2023年に改正予定でしたが、国会での審議継続となり改正は2024年以降に持ち越されました。

1　本章において「外国人」とは、外国の国籍を有する個人をいいます（ベトナムへの居住・非居住を問わず）。

2　本章において「外国法人」とは、外国の法令に基づき設立された企業をいいます。

2　不動産の概念

　ベトナムにおいて不動産の概念は、ベトナム民法において定義されています。日本の民法において定義される不動産概念と比較し、**図表9-1**にまとめています。

【図表9-1】日本とベトナムの民法における不動産概念の比較

	日本（日本民法86条）	ベトナム（ベトナム民法107条）
不動産	①土地 ②その定着物	①土地 ②土地に付着した住宅、建築物 ③土地、住宅、建築物に付着したその他の財産権 ④その他法令に定められた財産権
動産	①不動産以外の物	①不動産ではない財産

第2 | **土地の使用・住宅の所有**

1　土地使用権

（1）割当土地使用権とリース土地使用権

　社会主義国家であるベトナムでは、土地は国民の共有財産であり、私人（法人を含む）が土地の所有権を保有することが認められていません[3]。そのため、ベトナムにおいては、政府の管理する土地の使用権の取得のみが認められており、当該使用権を取得した上で、その使用権の範囲内において当該土地を使用するということとなります。

3　ベトナム憲法53条は、「土地、水資源、鉱物資源、海域、空域における利権、その他の天然資源及び国が投資、管理する財産は、全人民の所有に属する公財産であり、国が所有者を代表し、統一的に管理する」と規定し、また、土地法4条においても、「土地は全人民所有に属し、国家が所有者の代表としてそれを統一して管理する。国家は本法の規定に従って土地使用者に土地使用権を交付する」旨定められています。

　土地の使用権は、割当土地使用権（土地法54条及び55条）及びリース土地使用権（土地法56条）の２種類に整理されており、その内容等については**図表9-2**のとおりです。なお、外国人個人が土地の使用権を取得することは認められていません。他方で、住宅については、外国人及び外国投資企業も保有が可能です。

【図表9-2】「取得可能な土地使用権の種類とその内容及び期間」

種類	内容	外国投資企業による取得	利用可能期間
割当土地使用権	権利の対象となる土地を国から割り当てられる権利、原則有償・有期限だが、例外的に無償・無期限で割り当てられることもある	原則不可 例外として、分譲用等の場合における住宅開発プロジェクトにおいて可（土地法55条3項）	原則50年 ただし、投資金額が多く、回収に時間がかかる場合には、70年の利用期間が認められるなど、例外が設けられている（土地法126条3項）
リース土地使用権	国を貸主、使用者を借主として、土地のリースを国から受ける権利、有償・有期限にて土地リース契約を締結する	投資プロジェクトを行うために必要な範囲でのみ可（土地法56条d）e))	

（2）外国投資企業による土地の使用権取得方法

　限定的ではあるものの、外国投資企業もベトナムにおいて土地使用権を取得できます。主に外国投資企業が土地使用権を取得する方法は、以下のとおりです。

ⅰ）国家から直接リースを受ける（土地法169条１項ｈ）

ⅱ）工業団地、加工輸出区、ハイテク地区からサブリースを受ける（土地法149条３項及び150条５項）

ⅲ）土地使用権を含む投資プロジェクトの譲渡を受ける（土地法169条１項ｅ）

ⅳ）合弁会社設立の際に内資企業から現物出資を受ける（土地法184条）。

　なお、ⅰ）国家から直接リースを受ける場合の土地使用料は、土地法108条に基づき算定される土地価格表により設定されます。土地価格表は、5年に一度改訂されます。また、土地使用料の支払いについては、原則として使用期間分の料金を一括して国に対して支払う方法又は毎年支払う方法のいずれかから選択することとなります。

2　住宅の所有

（1）規制の概要

　ベトナムにおける住宅の所有に関する法令として、住宅法が存在し、一部の例外を除いて、2014年から外国人・外国投資企業であっても、ベトナムにおける住宅の所有が認められています。住宅法の細則は、2015年政令99号（2021年3月付2021年政令30号）により修正・補足されており、以下修正・補足された内容を含めて2015年政令99号が定めています（**図表9-3**）。

【図表9-3】「ベトナムにおける住宅所有に関する規制概要」

	外国人	外国投資企業
所有目的	①居住用建物※1 ※2	①居住用建物（当該法人に勤務する従業員の居住用にのみ利用可） ②業務として不動産開発を行うために所有する場合（不動産事業法上の規制を順守する必要有）
対象者	①住宅法及び関連法令に従ってプロジェクトとして住宅建築投資を行う場合の外国人 ②ベトナムへ入国することができる（パスポートの入国スタンプでノービザでの入国が証明できれば、ビザを保有していなくても、②に該当する）。	①土地使用権の取得方法に応じた条件を満たし、当局から住宅建築投資プロジェクト実施事業者として選定されている ②非内国企業、外国投資企業の支店、駐在事務所、外国投資基金及びベトナムで活動する外国銀行の支店
条件	ベトナムへの入国を許可されており、法令の規定による外交、領事特権、免責を享受する者でないこと	IRCを保有していること

取得方法	①住宅法及び関連法令に従って行う住宅建築投資プロジェクトとして住宅を建築し、取得 ②住宅建築投資プロジェクトとして建築されたアパートメント及び個別住宅を含む商業住宅（ただし、政府が指定する国防、治安保障区域を除く）の購入、購入賃借、受贈、及び相続による取得 なお、ベトナム人から中古の物件を取得することは認められていません
総量規制	①区分所有建物（例えばコンドミニアム1棟）：全戸数の30%まで ②戸建て住宅：1街区につき250戸まで なお、当該制限を超えて住宅を取得する場合、当該取引は無効となり、買主は売主に対して損害賠償することができます（政令99号76条5項）
所有期間	原則50年間、1回に限り更新が認められ、50年間の延長が可能（合計最長100年間の所有が可能[3]）

※1　居住用建物を賃貸して家賃収入を得ることなども可
※2　事業・利益獲得のため、転売目的で居住用建物を購入することは不可
※3　ベトナム人と結婚した外国人が住宅を所有する場合には、所有期間の制限はありません。

（2）今後の見通し

　これまで、プロジェクトによる住宅建築投資について、外国人による住宅所有が許可される地域等の詳細が不明確なことから、外国人に対する住宅所有権証明書の発行は、ベトナム全土でほぼ停止されていましたが、近時、関係当局が対象となる地域等の決定、公表を進めているため（ただし、対象決定の手続や基準は機密事項とされている）、今後、外国人に対する住宅所有権証明書の発行がより円滑に進むことが期待され、これに伴って外国人による不動産投資が活発化することに期待が高まっています。

　なお、2023年11月27日付改正の2023年住宅法は、主にプロジェクトによる住宅建築投資に関して、資金調達方法が追加され、新たに社債の発行による資金調達を認めています。

3　区分所有制度

　コンドミニアムなど大規模な共同住宅においては、日本の区分所有制度と類似する整理がなされています。すなわち、専有部分として、共同住宅を区

分所有する所有者の個別所有部分である建物内部の面積及びこの法律の規定に従い共同住宅の所有者の個別所有部分であると認められる共同住宅内のその他の面積部分並びに共同住宅の所有者のアパートメント内及びその他の面積部分の各個別使用設備（住宅法3条15項及び100条1項参照）と、共用部分として、共同住宅の所有者の専有部分を除く共同住宅の残りの面積部分及び当該共同住宅の各共用設備をいう（住宅法3条16項及び100条2項参照）とされています。

　大規模な共同住宅については、その管理について、共同住宅の所有者で組織される管理組合から管理会社に対して当該共同住宅の管理が委託される形式が取られています。日本同様に、管理費を共同住宅の所有者から徴収し、管理費名目でそこから管理会社に対して費用の支払いがなされています。

　なお、ホテル運営を目的としたコンドミニアム（通称、コンドテル）や、住宅とオフィスの機能を兼ね備えるオフィステルなどについては、現行の不動産事業法・住宅法等に明確な規定がなく、結果として、こうした物件のLURCが発行されないという問題が発生している。この問題については、2020年に、天然資源環境省からコンドテル開発用地の土地使用目的を商業サービス、土地使用権は最大50年（一部の経済開発が遅れている地方については70年）とし、レッドブックの発行も可能とするガイドラインを発出したり、2023年には土地法に関する2023年政令10号及び2023年政令10号に関する2023年オフィシャルレター3382号を公布し、コンドテルやオフィステルについての法的位置付けを明確化しようとしましたが、未整備な部分が残されている関係で、問題の解決には至らず、LURCは未だに発行されていない状況です。今後の法整備に注視が必要な状況となっています。

第3 | **不動産事業**

1　外国投資企業による不動産事業の実施

　ベトナムでは、不動産事業法及びその細則を定める2022年政令2号に基づき外国投資企業は不動産事業を行うことが認められています（不動産事業法11条3項）。他方で、外国人個人による不動産事業は認められていません。

　以下では、外国投資企業が不動産事業を実施する際の範囲・条件等に主要な点について、説明します。

（1）外国投資企業が実施可能な事業

　ベトナムにおいて不動産事業は条件付投資分野に指定されているため、外国投資企業が実施可能な主な事業目的は以下のとおりです。

　ⅰ）販売・賃貸目的での新規建物の建設

　ⅱ）販売・賃貸目的での建設プロジェクトの譲受け

　ⅲ）転貸目的での建物の賃借

　ⅳ）不動産サービス（物件の管理、不動産仲介サービスなど）の提供

　日本では一般的に行われている、賃貸・転売目的で建設済みの建物を取得することは、外国投資企業には認められていない点に留意が必要です。

（2）外国投資企業が不動産事業を実施するための条件

　外国投資企業が不動産事業をベトナムにおいて実施する場合、主に以下の条件を満たしている必要があります（2022年政令2号4条1項）。

　ⅰ）ベトナムにおいて現地法人を設立すること

　ⅱ）上記で設立した法人が不動産業のライセンスを取得していること

　ⅲ）不動産事業法に定める不動産の条件（不動産事業法9条及び55条）を

　　満たす不動産のみに関する取引を行っていること

ⅳ）2022年政令2号で定める情報開示（事業用ウェブサイト、プロジェク
　　トの管理本部、又は不動産立会場において公表）及び更新を行ってい
　　ること

　上記の他、当局から不動産プロジェクト実施事業者として選定されている
場合には、上記に加えて以下の持分保有規制が課されます。

ⅰ）20ha未満の土地を使用する場合、総投資資本の20％以上の持分を保
　　有すること

ⅱ）20ha以上の土地を使用する場合、総投資資本の15％以上の持分を保
　　有すること

　なお、過去存在していた200億VND（約9,000万円）以上の資本金を有す
ることという条件は、投資法に基づき、現在は削除されています。

（3）不動産の取引に関する契約

　不動産の取引に関しては、契約の一方当事者が不動産事業者である場合、
原則としてひな型を使用した契約が求められます（2022年政令2号6条）。
ひな形が用意されているのは以下の取引類型です。

ⅰ）アパートの売却契約

ⅱ）コンドテル又はオフィステルの売却契約

ⅲ）住宅の売却契約

ⅳ）上記a）からc）以外の建設工事の譲渡契約

ⅴ）住宅その他建設工事のリース契約

ⅵ）土地使用権の譲渡契約

ⅶ）土地使用権の賃貸借・転貸借契約

ⅷ）不動産プロジェクトの全部又は一部の譲渡契約

　なお、両当事者が不動産事業者でない場合、上記のひな形を使用する必要はありません

2　不動産開発を行う際に検討するストラクチャー

　上記1（1）（2）における説明は、外国投資企業が単独で不動産事業を実施することが可能な範囲及び条件についてです。しかし、実際には、外国投資企業が不動産事業を実施する場合、単独ではなく、ベトナムの内資企業と共同で事業を行う場合が少なくないです。共同事業を実施する際に検討されるストラクチャーを以下紹介します。

（1）内資企業と合弁会社を設立するスキーム

　ベトナム法上、外国投資企業は国家以外から土地使用権を取得することはできない上に、実際に国家から直接土地使用権を取得するハードルは低くありません。

ベトナムのコンドミニアム

ベトナムの髙島屋

【図表9-4】内資企業と合弁会社を設立するスキーム

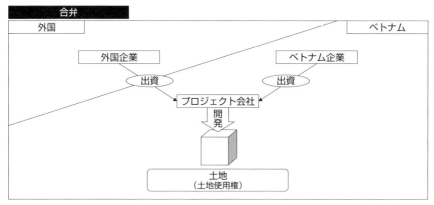

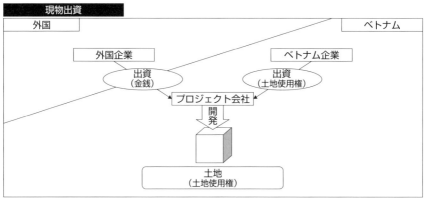

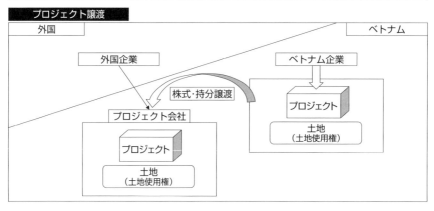

　そこで、ベトナムにおいてよく取られる手法として、まず、ベトナム内資企業が単独で土地使用権を取得し、その後、当該内資企業が設立した別の会社に土地使用権を譲渡するというものがあります。外国投資企業は、当該土地使用権を譲り受けた会社に対して出資を行うという方法です（**図表9-4**）。

　また、当初から外国投資企業とベトナム内資企業が合弁で設立した会社に対して、当該内資企業が当該合弁会社設立時に現物出資で土地使用権を出資する方法、及びベトナム内資企業が取得済みの開発プロジェクトを、当該プロジェクトに関する開発権と土地使用権を含めて合弁会社に譲渡するという方法が取られることもあります。不動産プロジェクトの譲渡（不動産事業法50条）について、外国投資企業については、不動産事業法だけでなく、投資に関する法令に従って実施する必要があります。

（2）ベトナム内資企業とBCC/事業協力契約を締結して開発を行うスキーム

　ベトナムにおいて不動産開発を実施する際、ベトナム内資企業と事業協力契約を締結し、不動産開発を行うという方法が認められています（**図表9-5**）。この方法を取る場合、ベトナム内資企業と契約締結可能なのは、外国投資企業に限りません。具体的には、投資家がベトナム内資企業に対して資金等を提供し、ベトナム内資企業がこの資金で土地使用権を取得して建物を建設してこれを保有し、これらを用いて事業を行って得られた利益をシェアするというものです。当該方法は、使用予定の土地等について、上記のような合弁会社の設立が実現困難となった場合に代替案として検討されることも多いですが、パートナー企業により土地使用権が譲渡されたり、パートナー企業が倒産してしまうなどのリスクがある点に留意が必要です。

【図表9-5】内資企業とBCC／事業協力契約を締結して開発を行うスキーム

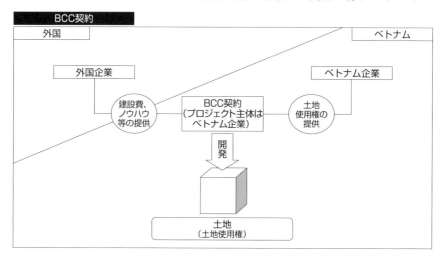

第4 | **登記制度**

1　不動産の所有権証明書

　ベトナムでは、日本における不動産登記簿に相当するものとして、従来、土地使用権に関する登記証明書（カバーが赤色であることから、通称、「レッドブック」）と建物所有権に関する登記証明書（カバーがピンク色であることから通称「ピンクブック」）の2種類の権利書が存在していました。現在は、上記2種類の権利書は一括して管理されることとなり、土地使用権及び土地に定着する住宅その他財産の所有権証明書（以下「権利証」）が不動産登記簿の役割を果たしています（土地法3条16項及び97条参照）。

　権利証は全国統一の様式で、土地使用権者、住宅所有権者及び土地に付着するその他の財産の所有権者に交付され、土地使用権者と住宅所有権者が異なる場合にはそれぞれに権利証が発行されます。

　権利証には、土地使用者、住宅その他財産の所有者の名称、事業登録番号（法人の場合）、住所、土地の区画（住所、面積、使用目的、期間等）、住宅に関する情報、工場など住宅以外の建物の情報、不動産に関する地図・図面及び権利証発行後に発生した権利関係の変動等が記載されています。

2　権利証の効力・取得方法

（1）権利証の効力

　ベトナム民法上、土地使用権の譲渡の効力は、登記事務所による土地管理台帳への登記完了によって発生する規定されており（ベトナム民法503条）、土地使用権について登記を完了し、権利証を適時に取得しておく必要性は高いです。また、土地使用権に対する担保権の効力が発生する時点も、登記の時点とされています。

　住宅の譲渡については、住宅法上、代金の全額支払いと住宅の引渡しにより譲渡の効力が発生するとされていますが（住宅法12条1項[4]）、実務上、住宅の譲渡において売主から、賃貸の際に借主から、取引の前提条件として権利証の提示が求められることがあるため、この観点からも適時に登記を行い、権利証を取得しておく必要があります。

（2）権利証の取得方法

　土地使用権及び土地に定着する住宅その他財産が譲渡、贈与、賃貸または資本拠出される場合、土地使用権の保有者が必要な書類を天然資源環境局（Department of Natural Resource and Environment）等の土地登録機関に申請することで、申請内容が登録され、権利証の発行を受けることができます。

4　不動産デベロッパーから住宅を購入する場合には、譲渡の効力は、住宅の支払いを受けた時点又は代金を全額支払った時点とされています（住宅法12条3項）。

3　不動産関連情報の閲覧

　現地企業から不動産の賃貸を受けて日系企業が事業を行う場合、事前に貸主である現地企業が真の権利者かどうかについて確認することは非常に重要な作業です。しかし、現在、不動産登記情報のデータベース上での閲覧制度が実際には存在せず、登記情報を確認するためには、権利者の同意を得た上で、直接土地登記事務所で閲覧請求を行う必要があります。

　制度上、閲覧請求が可能な情報は、対象不動産の権利証の写し、付近一帯の土地使用計画、地図の摘録、地価等です。もっとも、時間と費用をかけて閲覧請求を行ったとしても、そもそも土地登記事務所が不動産の権利関係を正確に把握できていない等の事情で、必要な情報が取得できない可能性があります。

　なお、2023年11月27日付改正の2023年不動産事業法において、従来は開示対象ではなかった不動産及び不動産プロジェクトに関する各種書類のオンラインでの開示が義務付けられており、これらを参照することで一定の情報の収集が可能となります。改正不動産事業法は2025年1月1日から施行予定です。

ハノイオペラハウス

第 10 章

ベトナムの個人情報保護法

第1 | 概論

　これまで、ベトナムにおいては個人情報保護法という個人情報についての規律する単一的な法令は存在していませんでした。情報が秘密として保持される権利は、ベトナム憲法上認められる基本的な権利であり[1]、ベトナムにおける複数の法令や規則において「個人情報」について規定がなされていました。

　しかし、ベトナム政府は、2023年4月17日付個人情報保護に関する2023年政令13号（以下「PDPD」）を公布し、これがベトナムで初となる本格的な個人情報保護に関する法令となりました。個人情報保護を担当する政府機関は、公安省のサイバーセキュリティ及びハイテク犯罪予防管理局です。

　PDPDは2023年7月1日から施行され、国内に所在しているか、国外に所在しているかを問わず、電子・インターネット環境においてベトナム人の個人情報を取り扱うすべての組織及び個人に対して適用されることとなりましたが、本書執筆時点においても詳細なガイドライン等が存在しておらず、実務上どのような対応を実施すればよいかが不明確な点が多くなっています。

1　ベトナム憲法21条は、すべての人は、私生活、個人の秘密および家族の秘密を侵されない権利を有し、自己の名誉を保つ権利を有すると規定している。国民の私生活、個人および家族に関する情報の安全性と秘密性は、法令により保護されている。そして、すべての人は、通信、電話、電信その他の私的通信の秘密を保持される権利を有しており、何人も、通信、電話、電信その他の形態の他人の私的通信を違法に開封したり、管理したり、押収したりすることはできないとしています。

第2 | ベトナム個人情報保護法(PDPD)の概要

　以下、PDPDの概要を紹介しますが、内容については今後の細則等によってより明確化され、対応事項などについても明らかになってくると思われるため、今後の政府の動向には注意が必要です。

1　個人データの定義

　ベトナムにおける個人データの定義は、EUの一般データ保護規則（GDPR）同様に、基本データとセンシティブデータの2グループに分類されています。

　基本データとは、氏名、生年月日、血液型、性別、出生地・出身地、本籍地・現住所、電話番号やメールアドレスなどの連絡先、学歴、民族、身分証明書や運転免許証などにおいて個人を識別する番号、配偶者の有無などとされています。

　センシティブデータとは、政治・宗教的思想、医療サービス機関により収集された身体・精神的健康状態に関する情報、先天的・後天的遺伝情報、身体的・生物学的特徴、ジェンダーに関する情報、性的嗜好、犯罪歴などとされています。

2　データ主体の権利

　PDPD上認められている個人主体の権利は、自己の個人情報の取り扱いに関して知る権利、同意する権利、アクセスする権利、同意を撤回する権利、及びデータを削除する権利等であり、PDPDには、これらの権利を保護するための規定が設けられています。なお、従前の法令においても上記権利は認められていましたが、バラバラに規律されていたため、PDPDで明確化され

ています。

3　PDPDの適用対象

　個人データを保護するための規定が適用されるPDPDの適用対象は、ベトナムに拠点があるかどうかを問わず、個人データの処理を行うものとされています。

　データの処理とは、個人情報の収集、記録、分析、検証、保存、修正、公開、結合、アクセス、取得、取消、暗号化、復号化、コピー、共有、送信、提供、転送、削除、破棄及びこれらと関連するその他の活動など、個人情報に影響する1つ又は複数の活動をいうものとされています。

　当該定義によれば、極めて広範囲の事業者がPDPDの適用対象となり、法令上の対応事項について検討する必要が生じます。今後出される細則等によって適用対象が明確化されることが期待されます。

4　個人情報管理者と個人情報処理者

　PDPDの適用対象となる事業者は、データ処理における役割に応じて、個人情報管理者と個人情報処理者に分類されます。

ⅰ）個人情報管理者　　　　：個人情報を処理する目的と手段を決定する組織、個人をいいます（PDPD2条9項）。

ⅱ）個人情報処理者　　　　：契約を通じてデータ管理者に代わってデータを処理する組織、個人をいいます（PDPD2条10項）。

ⅲ）個人情報管理兼処理者：目的、手段を決定し、同時に個人情報を直接処理する組織、個人をいいます（PDPD2条11項）。

第3 | 事業者が対応する必要のある事項

　PDPDの適用がある場合、事業者は、主に以下の対応を実施する必要があります。

1　同意の取得

　まず、事業者はデータ主体の同意なしに個人情報を処理することが禁じられています（PDPD11条１項）。この点はあらゆる法域において共通と思います。なお、PDPDには、施行日より前に個人情報が処理されている場合、施行日以降、PDPDに沿ってデータ主体の同意を取り直す必要があるかどうかに関する規定はありません。

　PDPDにおいて、同意が有効と認められる条件は、主に以下のとおりです。

ⅰ）個人情報主体が、同意する前に次の事項を明確に知っていること
　処理されるデータの種類、処理の目的、処理する組織または個人情報主体の権利と義務[2]

ⅱ）処理されるデータがセンシティブ個人情報の場合、データ主体に、処理されるデータがセンシティブ個人情報であることが知らされていること

ⅲ）データ主体の同意が明確かつ具体的に表現されていること
　データ主体の沈黙や無応答は、同意とはみなされません。

ⅳ）電子形式または検証可能な形式を含め、書面で印刷、複製できる形式で示されること

　なお、未成年の個人情報の処理について、７歳以上の場合、本人と保護者の同意が必要となります。保護者が同意を撤回した場合、本人の個人情報を

2　情報の取得目的が複数ある場合は、複数の目的を一覧化して同意を取得する必要があります（PDPD11条4項、5項）。

復元できない形で削除しなければなりません。

2　個人データに関するルールの整備

　従業員の個人情報の取得について、社内向けの個人データ取り扱いルールを作成し、従業員以外の個人情報（Cookie情報を含む）の取得について、社外向けのプライバシーポリシーを作成する必要があります。

　上記以外にも、情報処理の種類、個人情報へのアクセス制限、データ保持期間、保持期間満了時のデータ削除、守秘義務など情報管理に関する規定を整備する必要があります。センシティブ個人情報を収集する場合、個人情報保護を担当する部門や担当者を任命する必要がありますので、この点についてもルール整備が必要です。

　上記のようなルールはPDPDに基づいて作成される必要があります。しかしながら、現状PDPDの細則が出されていないため、どのような内容を含める必要があるのか、明確になっていませんので、今後出される細則などに注意が必要です。

3　個人情報処理影響評価書の登録

　PDPDでは、個人情報管理者、個人情報処理者に対し、個人情報の処理開始時から個人情報処理影響評価書を作成し、保管することを義務付けています。つまり、ほぼすべての在ベトナム企業は、本書面を作成し、保管しなければなりません。

　対象となる企業は、個人情報の処理を開始した日から60日以内に、個人情報処理影響評価書を備えておく必要がありますが、実務運用が固まっていないため、当初の段階で義務を果たしていた当事者は多くはなかったといわれています。なお、当局は、当該書類を検査し、内容が不十分である場合には、十分に整備するよう要求する権利を有します。

　個人情報管理者、個人情報処理者の個人情報処理影響評価書には次のものを含む必要があります。

　a）個人情報管理者、処理者の情報、連絡先。

　b）個人情報保護業務を実施する組織、個人情報保護スタッフの氏名、連絡先。

　c）個人情報を処理する目的。

　d）処理される個人情報の種類。

　d）個人情報を受け取る組織、個人（ベトナム領土外の組織、個人を含む）。

　e）個人情報を国外に移転する場合。

　g）個人情報を処理する時間、個人情報の削除または破棄を予定している時間（もしあれば）。

　h）導入した個人情報保護対策の説明。

　i）個人情報の処理による利益の評価。発生し得る被害、損害、そのリスクを低減、排除するための対策。

　上記に従って個人情報処理影響評価書を用意したとしても、実務上当局から内容が十分であると認められるかどうかという点について不透明であるため、さらなるガイドラインや実務の蓄積が待たれるところです。

4　個人情報の域外移転

　PDPDでは、ベトナム国民の個人情報を国外に転送したり、ベトナム領土外に設置されたシステムを用いて、ベトナム国民の個人情報を処理したりすることを認めています。しかしながら、ベトナム国民の個人情報を国外に移転するためには、次の基本条件を満たしている必要があります。

　ⅰ）個人情報の処理を開始した時点から、個人情報の国外移転影響評価書を作成すること。

　ⅱ）個人情報の処理を開始した日から60日以内に、個人情報の国外移転影

響評価書を当局に提出すること。当局は、書類が不完全な場合、書類を
十分に整備するよう求める権利がある。

ⅲ）データの国外移転者は、当局に提出した書類の内容に変更があれば、
更新、補足する必要がある。

　個人情報の国外移転影響評価書の内容は、基本的に個人情報処理影響評価
書と同じです。当局は、個人情報の国外移転を年に一度検査し、規定の条件
を満たしていない場合には、データの国外移転者に対し、個人情報の国外移
転を停止させる権利があります。データの国外移転は正常に行われた後、デ
ータの移転と担当者の連絡先を書面で当局に通知する必要があります。さら
なるガイドラインと実務の蓄積が必要な箇所であるといえます。

第4 ｜ データローカライゼーション

　一定の事業者に対して、サイバーセキュリティ法及びその細則を定める
2022年政令53号により、いわゆるデータローカライゼーション義務が存在し
ます。

　当該義務の適用対象は、ベトナムでオンラインサービスを提供する事業者
です。法令上オンラインサービスについて合理的に制限されていない関係で、
適用対象はかなり広範囲と解されます。

　サイバーセキュリティ法は、ベトナムでITサービスを提供する企業が、
ベトナムにおける個人データ、サービス利用者の作成したデータ又はサービ
ス利用者の関係性に関するデータの収集、利用、分析又は加工を行う場合、
ベトナム政府の定める一定期間中は、これらのデータをベトナムで保管しな
ければならないと規定しています。当該要件を充足するベトナム国外企業は、
ベトナムに支店又は駐在員事務所を設立しなければなりません。

　なお、外国法に基づいてベトナム国外で設立された事業者の場合、データ

ローカライゼーション義務が適用されるのは、以下の例外的な条件に該当する場合のみとなります。

　ⅰ）電気通信、サイバースペース上のデータ共有・保存、ベトナム国内のサービス利用者に対する国内外のドメイン名の提供、電子商取引、オンライン決済サービス、仲介決済サービス、ライドシェア、SNS、オンラインゲーム、メッセージ、通話、電子メールなどのサービスを提供している場合

　ⅱ）上記ⅰ）のサービスがサイバーセキュリティ法の違反行為に利用された場合

　ⅲ）当局が上記違反行為について、違反行為に関する調査等について協力依頼を書面で要請したにもかかわらず、国事業者が要請に応じない場合

　なお、データローカライゼーション義務に違反した場合の罰則についてはまだ規定されていません。今後制定されるであろう罰則について注意が必要です。

第11章

ベトナムの知的財産法

第1 | 概論

　ベトナムにおける知的財産権に関する主要な法律は、知的財産法（2005年知的財産法並びにこれを改正する2009年知的財産法及び2019年知的財産法、以下「知財法」）です。他の国と異なり、ベトナムでは、知的財産権は、複数の法律によってではなく、単一の知財法のみで保護されています[1]。なお、知財法は、2023年1月1日に施行された2022年知的財産法によって内容が明確化され、また、CPTPP、EVFTA、及びRCEPに定められた規定が盛り込まれました。本章では知財法を中心に解説し、今後細則によってさらに詳細に規定されることとなる2022年知財法については一部紹介する形で説明を実施しています。

　知財法は、知的財産権を次の3つのグループに分類しています。

　ⅰ）著作権及び著作隣接権（国家知的財産庁[2]（Intellectual Property Office of Vietnam）が管理）

　ⅱ）工業所有権（商標、商号、営業秘密、工業意匠、回路配置利用権、発明（特許）、実用新案、地理的表示、国家知的財産庁が管理）

　ⅲ）植物品種権（農業農村開発省農作物生産局植物品種保護事務所（Plant

1　知財法の下位規範にあたる政令は複数存在しています。重要なものとしては、工業所有権及び著作権に関する2018年政令22号などが挙げられます。

2　国家知的財産庁は、科学技術省（Ministry of Science and Technology）の下、知的財産分野における管理機能とサービス提供を担う機関です。工業デザイン、商標、ブランド名等の登録管理、知的財産権に関する紛争解決のための法律鑑定等の業務も担当しています。

Variety Protection Office, Department of Crop Production, Ministry of Agriculture and Rural Development）が管理）

　ベトナムの知的財産権保護については、登録審査の遅れや、審査の質に問題があるとされています。また、エンフォースメントの効果についても信頼できるものではなく、今後政府が率先して登録制度を強化し、知的財産権の保護を強化することが期待されています。

　なお、国内法とは別に、ベトナムは、知的財産権の貿易関連の側面に関する協定（TRIPS協定）、世界知的所有権機関（WIPO）条約、文学的及び美術的著作物に関するベルヌ条約、工業所有権に関するパリ条約、商標の国際登録に関するマドリッド協定議定書など、多数の国際条約に参加しています。また、上述のとおり新知財法においては、CPTTP、EVFTA、RCEPなどの地域協定の影響も受けています。

　以下、ベトナム知財法のうち、主要なものについて説明します。

第2 ｜ 主要な知財法各論

1　著作権

（1）著作物

　まず、ベトナムにおいて、著作物とは、その表現の態様又は形態の如何を問わず、文学的、美術的及び科学的分野において創出された制作物をいうとされています（知財法4条7項）。

　保護される著作物の形態については、以下のとおりとされています（知財法14条1項）

　a）文学的及び科学的著作物、教科書、教材、並びに文字その他の記号を
　　　用いて表現される著作物

b）講演、プレゼンテーションその他の演説

c）ジャーナリズムの著作物

d）音楽の著作物

d）演劇の著作物

e）映画の著作物及び映画に類似する方法で創作された著作物

g）美術及び応用美術の著作物

h）写真の著作物

i）建築の著作物

k）地形、建築物及び科学的著作物に関する図形、スケッチ、地図、及び
　　図表

l）民俗芸術的及び民族文学的著作物

m）コンピュータ・プログラム及びデータ編集物

（2）著作権

　ベトナムにおける著作権については、いわゆる無方式主義が採用されており、著作物が創作され、表現された時点で何ら手続を必要とせず発生します（知財法6条1項）[3]。

　ただし、著作物該当性について、どのように判断されるかが法文上明確にされていないため、著作権が発生しているかについての紛争を避けるため、実務上は、著作権の任意登録制度（知財法49条1項）を活用し、国家知的財産庁から著作権証明書の発行を受けることが推奨されています。なお、新知財法においては、名称の一般的な方法での表示による著作権の推定規定が定められており、上記のような措置がない場合の著作権侵害訴訟における一定の指針が示されています。

　著作権者には、財産権としての著作権の他、著作者人格権が認められます（知財法18条）。

3　著作隣接権については、実演、録音、録画、放送番組、暗号化された番組を搬送する衛星信号に係る組織又は個人の権利と定義されています（知財法4条3項）。

著作者に認められる著作権の内容は、以下のとおりです（知財法20条）。

ⅰ）二次的著作物を創作すること[4]

ⅱ）著作物を公衆に実演すること

ⅲ）著作物を複製すること

ⅳ）著作物の原本又は写しを公衆に頒布すること

ⅴ）著作物を、有線又は無線手段により、電子情報ネットワークを通じて、又はその他何らかの技術的手段により公衆に伝達すること

ⅵ）映画の著作物又はコンピュータ・プログラムの原本若しくは写しを貸与すること

　共同著作者の定義について、知財法では明確にされていませんでしたが、新知財法では、2人以上の者が共同して創作した著作物については、それらの者が共同著作者となる旨が明記され、共同著作者管理の著作者人格権、財産権の行使については、共同著作者の同意がない限り行使できないことが明記されています。

　なお、研究目的の場合や合理的な引用については、著作権者の許可なく、無償で著作物が利用可能とされており（知財法25条1項）、また、広告目的などの場合、著作権者の許可なく、有償で著作物が利用可能（知財法26条1項）とされているなど、一定の権利制限規定が設けられています。新知財法においては、上記のような知財法の権利制限規定を整理し、加えて障害者向けの著作物の利用など、新たな権利制限規定を設けています。

　著作者人格権の内容は、以下のとおりです（知財法19条）。なお、著作者人格権について、以下ⅲ）に記載する公表権を除き、無期限に保護されます。

ⅰ）著作物を命名すること

ⅱ）実名若しくは筆名を著作物に入れること、又は、著作物が公表され若

4　著作物の翻訳、改作、修正、変形、編集、注釈、又は精選された著作物と定義されています（知財法4条8項）。二次的著作物を作るのに使用された著作物に係る著作権を侵害しないときにのみ、保護されます（知財法14条2項）。

　　　しくは使用されるときに、その者の実名若しくは筆名を掲載させること
　　ⅲ）著作物を公表し又は他人に公表を委任すること
　　ⅳ）著作物の完全性を保護すること、又は、何らかの改作、損傷、歪曲若しくは名誉及び威信を害する何らかの形態でのその他の変更に異議を唱えること

（3）保護期間

　財産権としての著作権及び著作者人格権のうち、公表権は、原則として、著作者の生存期間中及び死後50年間が保護期間となります。例外的に、映画、写真、応用美術、匿名の著作物についてはそれらの最初の公表日から75年間が保護期間となります。また、映画、写真、及び応用美術の著作物については25年以内の公表がない場合は、表現が固定された日から100年間が保護期間となります。なお、匿名の著作物について、著作者に関する情報が入手可能な場合、原則どおり、著作者の生存期間中及び死後50年間が保護期間となります（知財法27条2項）。

（4）ISPに対する著作権侵害コンテンツの削除請求

　新知財法は、インターネット環境における著作権侵害について、著作権を侵害された者がインターネットサービスプロバイダー（以下「ISP」）に対して侵害コンテンツの削除を要求する権利を認めています。従来はこのような規定が存在していなかったため、当局の関与なく侵害を排除することができなかったところ、当該規定によって、直接ISPに対してインターネット環境における著作権侵害への救済を求めることができるようになりました。

　なお、新知財法は、例えば著作権侵害が判明した場合、速やかに侵害コンテンツを削除するか、アクセス禁止措置を講じることなどISPが所定の条件を具備していることを条件として、著作権侵害に対する損害賠償等からの免責を認める規定（いわゆるセーフハーバー）を設けています。

2　工業所有権（発明・特許）

（1）定義

　発明とは、自然法則を利用して特定の課題を解決するための、製品又は方法の形態による技術的解決であると定義されています（知財法4条12項）[5]。

（2）特許要件

　新規性、進歩性及び産業上の利用可能性があることが特許要件として必要とされています（知財法58条1項）。

①新規性

　上記のうち、新規性については、「先願主義」が採用されており、登録出願日又は優先日以前に、ベトナム国内外において、使用により、又は書面若しくは口頭での説明その他手段により公然と開示されていないことが必要[6]とされています。また、2022年知財法上、当該発明の登録出願日又は優先日以前に当該発明について出願がなされ、出願日又は優先日時点では未開示であり、かつ、その後に公開された先の出願の明細書に当該発明が開示されていないことも必要となります。

②進歩性

　登録出願日前等に、ベトナム国内外において、使用により、又は書面若しくは口頭での説明その他手段により既に開示されているすべての技術的解決に基づき、それが発明的進歩を構成し、かつ、当該技術の熟練者により容易に創出できるものでないときは，進歩性を含むものとみなすとされています

5　ただし、発見、科学的理論、数学的方法、精神活動の実行、ゲーム、事業を遂行するための計画等、コンピュータ・プログラム、ヒト又は動物のための疾病予防診断及び治療などについては、発明として保護されないとされています（知財法59条）。

6　秘密保持義務を課せられた者のみに知られているとき、未だ公然と開示されていないものとみなすと規定されています（知財法60条2項）。

（知財法61条1項）。また、上記新規性喪失の例外事由に該当することは、発明の進歩性の程度の評価の基礎としてはならないとされています（同条2項）。

③産業上の利用可能性

当該発明の主題である製品の大量生産若しくは製造、又は方法の反復適用を実行し、かつ、安定的成果を達成することが可能なときに産業上の利用可能性があるものとみなすとされています（知財法62条）。

（3）出願

特許の登録は、ベトナム語により作成された願書、クレームを含む明細書等の必要書類を国家知的財産庁へ提出し、形式審査の後、審査請求がなされ、実体審査がなされることとなります[7]。出願から登録までの特許出願のフローチャートについては、**図表11-1**のとおりです[8]。出願については、オンライン出願も認められています（知財法89条3項）。

（4）保護期間

保護期間の起算点は特許登録日であり、保護期間は出願日から20年とされています（知財法93条2項）。保護期間の延長や更新はできません。

（5）職務発明

ベトナム法人の従業員が何らかの特許発明をした場合において、その特許権の帰属等に関する取扱いが問題となります（いわゆる職務発明の取り扱いに関する問題）。知財法上、職務発明に係る特許について特許申請を実施し、特許権を取得できる者は、以下のとおりとされています。

ⅰ）自身の努力・費用によって発明、工業意匠、回路配置の創作者

7　ベトナムが締結済みの条約が認める場合には、外国においても出願可能です。

8　新興国等知財情報データバンク「ベトナムにおける特許制度のまとめ―手続編」（https://www.globalipdb.inpit.go.jp/application/19304/）より。

【図表11-1】出願から登録までの特許出願のフローチャート

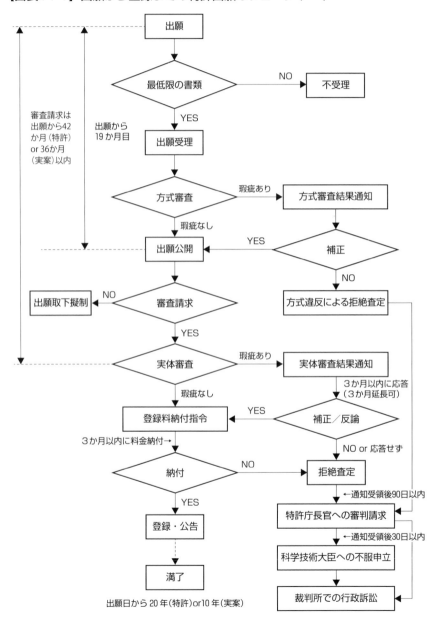

ⅱ）当事者間で別途合意がある場合、又は国家予算を使用した場合を除き、業務委託又は雇用形態で資金・物的手段を創作者のために投資した組織及び個人

したがって、企業における職務発明に係る特許権については、上記②によって、企業に帰属する形となりますが、他方で、上記②の場合であっても、実際に発明をした従業員に対しては法令に従って一定の料率によって計算される報酬を支払う必要があります。実務上の留意点としては、法律に従った発明報奨金の料率は、例えば発明の使用実施から得られた税引前利益10％とされているなど、高額となるため、あらかじめ職務発明規程を整備しておき、発明者への報奨金をコントロール可能な状態とすることが重要です。

3　工業所有権（商標）

（1）定義

　商標とは、異なる組織又は個人の商品若しくはサービスを識別するために使用される何らかの標識と定義されています（知財法4条16項）[9]。ベトナムにおいて登録されている商標の検索は、IP Lib というウェブサイト[10]で実施可能です。

　なお、2022年知財法上、文字・言葉・図面・ホログラムを含む画像及びこれらの組み合わせによって単色又は複数色で表現されて目に見える標章又は図形的に表現可能な音の標章についても商標権の保護対象となり、登録商標の1つとなりました。

9　ベトナムでは、商標の他、団体商標（知財法4条17項）、証明商標（同条18項）、連合商標（同条19項）及び周知商標（同条20項）など特別なタイプの商標が存在しています。

10　http://iplib.noip.gov.vn/WebUI/WSearch.php

（2）登録要件

　商標として保護される対象は、立体図形又は立体図形の組合せを含む、1色又は複数の色彩により表現された文字、単語、画像、図形の形態による、視覚により認識できるもの[11]であり、商標権者の商品・サービスを他人の商品・サービスと識別可能なものです（知財法72条）。

　識別性について、知財法74条1項において、商標は、それが1若しくは複数の目立ち易く、かつ、記憶し易い要素、又は目立ち易く、かつ，記憶し易い組合せを形成する多数の要素から構成され、また同条2項[12]に規定する標識でないとき、識別性があるとみなすとされています。

　また、商標を登録するためには、上記の要件を満たす他、以下の商標登録を受けることができない商標に該当しないことが必要です（知財法73条）。

　　a）国旗、国章と同一又は混同を生じる程に類似の標識

　　b）ベトナム又は国際組織の機関、政治的組織等の記章、旗、紋章、略称、名称と同一又は混同を生じる程に類似の標識（ただし、当該機関又は組織により許可された場合を除く）

　　c）ベトナム又は外国の指導者、国民的英雄、又は著名人の実名、別名、筆名若しくは肖像と同一又は混同を生じる程に類似の標識

　　d）国際組織の証明印、管理印、保証印について、それらが当該組織により証明標章として登録されている場合を除き、使用してはならないとされている当該印章と同一又は混同を生じる程に類似の標識

　なお、2022年知財法において保護要件が整備されています。また、悪意による商標出願が絶対的無効事由として明記されたため、ベトナム国外の周知

11　色彩のみからなる商標、動き、音の商標などは当該範囲に含まれないため、ベトナムにおける商標の対象となりません。

12　簡単な図案、幾何学的図形、数字、文字や標識、符合、絵柄又は商品若しくはサービスの何れかの言語による一般名称であって、広くかつ頻繁に使用され、一般的に知られているもの、性質、品質などを説明するもの、他人の商標と類似するものなど、詳細に規定がなされています。

商標[13]がベトナムにおいて無関係の者に先に出願・登録された場合であっても、当該商標出願・登録に対抗できる余地が生まれました。もっとも、2022年知財法上、どういった商標出願が悪意によるものかが明確ではないため、今後制定される細則の内容について注意する必要があります。

（3）出願

　商標の登録は、ベトナム語により作成された願書その他の必要書類を国家知的財産庁へ提出し、形式審査の後、審査請求がなされ、実体審査がなされることとなります（知財法100条2項、108条1項）。出願から登録までの商標出願のフローチャートについては、**図表11-2**のとおりです[14]。

　なお、マドリッドプロトコルに基づく国際出願も実施可能です。

（4）保護期間

　保護期間の起算点は商標登録日であり、保護期間は出願日から10年とされています。保護期間の更新は無制限に可能であり、1度の更新により、10年の保護期間が与えられます（知財法93条6項）。

13　2022年知財法上、「周知商標」は、ベトナム全域にわたって関係する公衆の一部に広く知られている商標をいうと定義されています。また、2022年知財法は、周知性の認定方法について、現行法に列挙された要素について全部だけでなく、一部のみを考慮して判断されるとしている。これによって、需用者層と関係しない一般大衆に周知でなくとも周知性が認定される可能性が認められるものと解され、従来よりも周知特許として認められる範囲が拡大されています。

14　新興国等知財情報データバンク「ベトナムにおける商標出願制度概要」（https://www.globalipdb.inpit.go.jp/laws/17473/）より。

【図表11-2】出願から登録までの商標出願のフローチャート

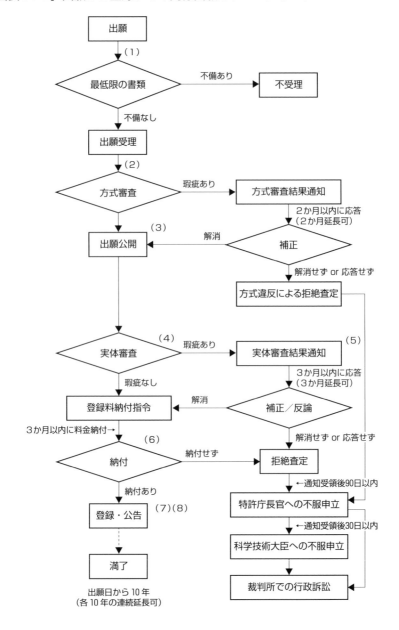

第3 | 侵害に対する救済手段

　ベトナムで知的財産権の侵害を受けて、救済を受ける場合、以下の選択肢があるとされています。

　ⅰ）任意の解決

　ⅱ）行政措置

　ⅲ）刑事措置

　ⅳ）民事措置

　ⅴ）水際措置民事訴訟の提起（損害賠償、暫定措置（仮差押え、譲渡禁止など））

　もっとも、ベトナムにおけるほとんどの知的財産権に関する紛争事案は、ⅱ）行政措置によって処理されており、それ以外、特に刑事・民事措置の件数は極めて少ないといわれています。知的財産権者の権利を適切に保護するためには、エンフォースメントが実効的になされる必要性があるため、この点について改善が必要とされています[15]。

　侵害に対する救済手段については、JETROホーチミン事務所2020年3月「ベトナムにおける模倣品流通実態調査」[16] 21ページから34ページにおいて端的にまとめられているため、こちらをご参照ください。

15　侵害を予防することが重要とされており、例えば、労働契約において知的財産権関連の取り扱いについて明確にしておく、同じ事業分野の他の外国企業と情報交換をしてベストプラクティスを学ぶ、知的財産権を適宜に登録していくことなどが挙げられます。

16　https://www.jpo.go.jp/resources/report/mohohin/document/shogaikoku/c_vietnam_chousa.pdf

コラム

ベトナムの交通事情①―バイク

　ベトナムでは、公共交通機関としての鉄道や地下鉄は発達していません。2024年３月時点で開通している都市電鉄（メトロ）は、ハノイの１路線だけです。このため、ベトナム人は一般的に通勤通学の足としてバイクを利用するか、バスを利用しています。

　ベトナム人の足として最も利用されているのはバイクです。最近では社用車や自家用車が増えていますが、なんといってもバイクが最も普及しています。ホーチミンやハノイでは通勤通学の時間帯になるとバイクが洪水のように道路に溢れていて、道を横断するのも一苦労です。また、最近はあまり見かけませんが、数年前まではバイクの３人乗りや４人乗りは当たり前で、５人乗りもたまに見かけました。

　このようなバイクの普及は、一見微笑ましい部分もありますが、都市交通の観点からはいろいろな問題を引き起こしています。第一は、駐車場不足です。ベトナム人に聞くと、300m離れればバイクを使うというほどバイクを利用しますが、目的地に十分な駐車場があるわけではありません。そこでバイクを歩道に乗り上げて駐車します。歩道もバイクを乗り上げられるように傾斜が付けられています。繁盛している店の前にはバイクの整列駐車を誘導するガードマンがいて、歩道が店の専属駐車場と化しています。歩道がバイクで占拠されると、歩行者はそれを避けて歩く必要があり、歩道の傾斜面か車道を歩かざるをえなくなります。甚だしい歩行者軽視です。

　また、交通ルールの無視も生じます。バイクの信号無視や一方通行の逆走は当たり前で、歩道もバイクの脇道となっています。バイクには交通規則が適用されないと錯覚しますが、多くのドライバーが無免許で運転していることもその原因かもしれません。そもそも、排気量50cc未満の原付バイクについては免許が必要ではないからです。一般に、バイクの免許を取るよりも、警察の交通規制を受けたときには賄賂を渡せば放免されるとの認識が広く共有されています。

　このように、ベトナムのバイク事情は日本人の目からはカオスに近い状況ですが、ベトナム人は高校生からバイクに乗って通学しています。大学生ともなると男子学生だけではなく、女子学生もバイク通学を始めます。ベトナム人のたくましさを感じます。

第**12**章

ベトナムからの撤退

第1 | 概論

　本章では、ベトナムに現地法人を設立したものの、何らかの理由で撤退の検討をしなければならない場合を想定して、実務的にどのような方法を取り得るのか、どのようなことを検討する必要があるのか、という点について説明を行います。

第2 | 撤退の方法

　まず、ベトナムから撤退する方法として実務上考えられるのは、以下の2つです。

　a）現地法人の出資持分／株式譲渡

　b）会社の解散・清算

　なお、理論上は、破産法に基づく破産や会社更生手続きによることも想定され得るところですが、実例が少ないためか[1]、裁判所の経験が乏しく、想定外の時間とコストがかかる可能性を嫌って、選択される例が少ないため、本

---

[1] 「2014年破産法施行結果報告書」によると、2017年に裁判所に受理された破産申立は439件、うち破産宣告まで進んだものが45件とされています。
https://www.qdnd.vn/xa-hoi/cac-van-de/mot-so-vuong-mac-trong-thuc-thi-luat-pha-san-nam-2014-587659

章では破産法の紹介については割愛させていただきます[2]。

1　休眠制度の活用による撤退時期の延期

　まず、現地法人の事業撤退において出資持分・株式の譲渡又は会社の解散・清算手続きを実施するタイミングについて検討をする必要があります。例えば、現在は買い手企業が見つからなくとも、将来的に見つかる可能性がある場合や、すぐに解散・清算するのではなく、少し景気などの状況を見ながら実施するという選択も採用し得るところとなります。また、そもそも撤退するかどうかという検討時期を先送りする、という判断もあり得るところです。

　その場合には、ベトナム企業法に基づく会社の休眠制度を活用して、事業撤退の時期を遅らせるということが検討に値します。休眠制度のポイントは以下のとおりです。

（1）目的

　撤退の検討の他、事業方針の変更、業績悪化による事業計画の見直し等の必要性から、一旦事業活動を停止し、再稼働する機会を持つことにあります。

（2）休眠可能期間

　最長2年間（1年間の休眠申請を2回まで）実施可能です。

（3）休眠の準備

　休眠制度を利用する際には、税申告、事業税の支払いや事業ライセンス期間の更新（必要な場合）など、事前に一定の行政・税務手続きが必要となります。また、休眠の申請書類の作成なども必要となります。会社を休眠する

2　ベトナムの破産法の概要については、ICD NEWS第61号（2014.12）105ページから115ページをご参照ください。
http://www.moj.go.jp/content/001142823.pdf

場合には、本店所在地のDPIへ、休眠する3営業日前までに休眠申請が必要です（企業法206条1項）。

（4）実務上の留意点

　休眠期間中における労務関係や、既存取引関係上の義務の履行をどうするかについては、個別に処理を行う必要があります（企業法206条3項）。また、休眠中であっても、法人税の申告は必要であり、さらに会計税務監査なども行われるため、経理・会計部門において一定の稼働が必要となる点も注意が必要です。

2　出資持分・株式の譲渡

　出資持分・株式の譲渡については、既に第7章M&Aにおいて説明した内容に基づいて、売り手の立場から進めます。

　当該方法のメリットとしては、解散・清算と比較すると、既存の会社を売却する所定の手続きを実施するのみであるため、当局との間でのやりとりが煩雑でなく、また、取引相手や労働者などに与える影響が軽微であり、短期間に実施可能である点が挙げられます。他方、デメリットとしては、M&Aにおいて売り手側には一定の表明保証条項が設けられるため、譲渡後に想定外の債務が発生した場合など、引き続き責任を負うリスクがある点です。そもそも買い手が見つかり、譲渡の条件に折り合いがつかなければ、当該方法は選択し得ないという点についても留意が必要です[3]。

3　一般的には、赤字会社であっても、取得が難しいライセンス（サブライセンス）や、好立地の不動産を既に保有しているなど特殊な事情がある場合には、買い手がつく場合があるといわれています。そういった事情がある場合には、いったん休眠制度を活用し、その期間中に買い手を探すという選択肢も取り得るところです。

3　解散・清算

　企業法上、意思決定機関により、現地法人の解散・清算が実施可能です（企業法207条1項b）[4]。当該方法による場合、現地法人の法人格は消滅し、清算が必要な税金等の支払いを完了した後に残余財産がある場合には、出資者・株主に分配されることとなります。

　解散を実施する場合には、すべての債務その他の財産的義務を確実に履行でき、裁判所又は仲裁機関による手続きが進行中でないことが必要です（同条2項）。また、支店、駐在員事務所等がある場合には、解散・清算手続きを実施する前に、それらについての活動終了の手続きが必要とされています（2015年政令78号59条1項）。

（1）解散・清算の手続き

　解散・清算の際に必要な手続きの概要は、以下のとおりです（企業法208条）。実際の手続きについては、現地専門家に相談の上、必要書類の準備及びスケジュールについて詳細に検討することが推奨されます。

①　意思決定機関による解散の決定・決議

②　解散・清算手続き開始の通知

③　財産の処分

④　債務の弁済

⑤　税務処理

⑥　残余財産の分配

⑦　事業登録局への清算申請

⑧　事業登録の抹消

4　その他、定款に定める活動期間が延長されず終了した場合、6か月間継続して企業法に定める最低社員数を満たさず、企業形態の転換手続きも行わない場合及び企業登記証明書が回収された場合には、企業法207条2項の条件を満たしてれば、強制的に解散・清算手続きが開始されることとなります（企業法207条1項a）、c）、及びd））。

　①意思決定機関による解散の決定・決議がなされた後、以下の行為を行うことは禁止されます（企業法211条1項）。

　a）財産の隠匿・分散

　b）債権放棄又は債務の減額

　c）無担保債権に対する担保提供

　d）新たな取引契約の締結（解散に必要なものを除く）

　d）財産の質入れ、抵当、贈与及び貸与

　e）有効な契約の不履行

　g）すべての形式の下での資本の呼込み（増資）

　個人が上記に違反した場合には、違反の性質及び程度に応じて、行政違反処罰又は刑事責任を追及される可能性があるほか、損害を発生させている場合には損害賠償の責任も負うこととなります（同条2項）。

（2）実務上の留意点

　法務面から対応が必要となる事項としては、労務対応（従業員の解雇、各種税金の支払いなど）、不動産賃貸契約の終了、取引契約の処理及び輸入した設備機器の清算対応などが挙げられます。

　また、税務・会計面での対応事項としては、会社が負うすべての債務の弁済その他財産的義務の履行及び監査済み財務諸表の提出と税務上の確定申告の完了などが挙げられます。

　当該方法のメリットとしては、会社の譲渡の場合とは異なり、一定の条件を満たす必要はあるものの、任意に撤退を進めることができる点です。他方、デメリットとしては、会社が存続しないため、多くの利害関係者との調整が必要となることです。その中でも、特に上記税務・会計面での対応事項と関連して、解散・清算対象会社の記録管理や関連政府機関への申請処理にかかる時間が長期化する傾向にあり、短くとも1年から2年間程度必要とされており、清算までに数年かかるケースも散見されます。

コラム

ベトナムの交通事情②―バス

　バイクだけではなく、バスも庶民の足として広く活用されています。ホーチミン市ではバス路線が市内全域に張り巡らされていて、老人を含め市民の足として利用されています。通勤通学時にはバスの本数も多く、慣れてしまえばかなり使い勝手の良い乗り物です。

　バスを利用するにはBus Mapというアプリがあり、現在地から目的地までの経路を細かく表示してくれます。利用方法はとても簡単で、アプリの地図上で目的地を指定すると、現在地から目的地までの経路と停留所を示してくれます。複数の経路がある場合には、バス路線ごとに経路と所要時間が示され、最寄りの停留所のバス到着時刻も表示されます。また、バスに乗車した後も、目的地までの停留所と走行位置が表示されるため、どこで降車するかを悩むこともありません。

　バスの運賃もとても安く、路線ごとに金額が決まっていて、乗車時に車掌に定額を支払います。金額は路線の距離に応じて異なりますが、5,000VND、6,000VNDまたは7,000VNDで、日本円では30円から40円程度です。

　ただし、安全かと聞かれると即答に躊躇します。まず、運転手にもよりますが、運転はかなり荒く、クラクションを鳴らしながら、周りの乗用車やバイクを蹴散らして走行します。酷ければ前の車やバイクを煽るように蛇行運転をすることもあります。歩行者もバスが接近するときは道路の横断を控えます。

　乗客のバスへの乗降も慌ただしく、バスが十分止まらないうちに乗降をしなければなりません。時には、ブザーを鳴らしても運転手がバス停に停止しないこともあり、次のバス停でようやく降ろしてもらえます　ベトナムのバスは、運転手のマナーに問題があるものの、利便性や経済性には優れており、全車両に冷房が付くなど快適な乗り物です。交通渋滞の解消のためにも、一層の利用促進が望まれます。

第13章

ベトナムの紛争解決

第1 | 概論

　ベトナムの法制度を大きく特徴付けるのは、共産主義理論とホーチミン思想を基礎とした、1986年の「ドイモイ」政策による市場経済導入後の西欧諸国の影響です。ベトナム憲法や土地法等の基礎法の多くは、旧ソ連時代のソ連法をベースに制定された歴史があり、日本を含む欧州大陸法や英米法の考え方を急速に取り入れて、現在はかなり変容していますが、基本的な構造や基本思想は、未だ共産主義時代のものが色濃く残っている部分があります。

　例えば、ベトナム憲法において、三権分立は認められておらず、最高人民裁判所と最高人民検察院という司法機関は、首相を長とする行政府とともに、最高機関である国会の下にあり、共産党が、各国家機関を指導するという一党独裁・人民社会主義制度を保持している点が大きな特徴的な部分です。つまり、国家の最高権力機関は国会（ベトナム憲法69条）とされており、国会の下に行政機関、司法機関が位置付けられており、三権分立による権力相互間の相互抑制機能はなく、司法権の独立はないため、裁判所を含む司法は政治的影響を強く受け、法令の解釈権は国会にあり、裁判所にはないと解釈できます。

　ベトナムにおける法制度は、まだ整備の途上にあるのが実態あり、具体的には、企業法、投資法、民法という投資活動にとって基礎的な法律でさえ、法律の未整備や法令相互間の不整合がよく見られ、どちらに従えばよいのかわからないケースや、法令の文言それ自体が曖昧で予見可能性を欠くケース

も多く見られます。運用面においても、省庁ごと、地方ごと、担当者ごとに解釈が異なっていることや、新しい法令の内容が行政窓口に共有されておらず、法令に沿った取扱いを受けられないことも珍しくありません。

このように、ベトナムでは法令それ自体の整備はかなりの程度進んでいるものの、実態は、「法の支配」と「人の支配」が相半ばする状況といわざるを得ず、曖昧で相互矛盾するような法令の存在は、それを解釈する権限を持つ公務員や裁判官に、大きな裁量を与え、解釈が不安定となり予測が立たないという問題とともに、それが汚職・不正の温床となる可能性を含んでいるといえます。

なお、ベトナムにおいては、現行法上においては判例が公開されるようになったものの、当該運用は2015年民事訴訟法の改正に伴って最近始まったばかりであり、また公開される裁判例が十分に整備されていない状態です。したがって、過去の蓄積された事例を調査して、判決結果を予想することが困難なため、判決結果の予測可能性は極めて困難といわざるを得ません。

第2 ベトナムにおける紛争解決

1　紛争解決における選択肢

ベトナムにおける紛争解決における選択肢は、①ベトナム国内での裁判、②ベトナム国外での裁判、③ベトナム国内での仲裁、④ベトナム国外での仲裁という4つのパターンが想定されます。

この点、日本企業であれば紛争の解決を試みる場合、外国で行うよりも日本で裁判を行いたいと考えるケースが多く、上記②ベトナム国外での裁判を選択するケースが散見されます。しかしながら、請求する権利を有する債権者が日本企業であっても、契約書上で紛争解決の管轄裁判所を日本の裁判所と定めることは問題があります。なぜなら、日本とベトナムの間には、相互

の判決の承認及び執行について規定する二国間条約が締結されておらず、また相互承認もないことから、日本の裁判所で勝訴したとしても、判決結果をベトナム国内で強制執行することができない仕組みとなっています。強制執行ができない判決では相手が任意で支払わない以上、ベトナム裁判上の重要な証拠にはなり得ますが、それ自体にはあまり意味がない状態となります。

　そのため、日本企業がベトナム企業を訴える場合には、①ベトナムでの裁判を行うか、③ベトナム国内の仲裁を選択するか、④ベトナム国外での仲裁を選定する必要があります。ベトナム国外の仲裁の場合において、日本もベトナムも外国仲裁判断の承認及び執行に関する条約（いわゆる、「ニューヨーク条約」）に加盟しており、相互に執行することが可能となっています。

　ただし、ベトナムでの裁判は上述したとおりのリスクがあるため、紛争解決手段として選択されることは稀であり、一般的にはベトナム法を準拠法とし、国際仲裁又は国内仲裁によって紛争を解決する旨定める契約書が多いです。なお、ベトナム国内における仲裁機関としては、ベトナム国際仲裁センター（Vietnam International Arbitration Centre：VIAC）が利用される例が多いです。

2　仲裁に関する留意点

　紛争解決手段として仲裁機関を選択した場合、仲裁機関に支払う仲裁費用や法律事務所など紛争解決の専門家に対する報酬が発生するところ、当該費用は高額であり、また、仮に有利な仲裁決定が出されたとしても、その後、ベトナムにおいて仲裁決定を執行するまでの期間についても同様に弁護士費用が必要となるため、債権回収額を費用が上回るという事例も少なくないです。結果として、費用対効果の観点から、法的手段による紛争解決を断念し、任意の交渉のみによって紛争解決を図るというケースが多いのが特徴です。

　また、仲裁については、仲裁決定が国内裁判所において承認され執行決定が出されなければならないという点にも留意が必要です。つまり、債権者に

有利な仲裁決定を得た後に、国内仲裁の場合には、裁判所に対して仲裁決定を提出し、裁判所から執行決定を取得し、国際仲裁の場合には、まずベトナムの裁判所から国際仲裁の承認を受け、その後、執行決定を受ける必要があります。

　しかしながら、ベトナムの裁判所は、国際仲裁決定の承認プロセスにおいて、ベトナム法の基本原則に反するという極めて抽象的な理由で承認を拒絶する例が散見されます。加えて、裁判所による執行決定の段階においても、様々な理由によって仲裁判断の取り消しがなされるリスクも存在しています。参考までに、外国仲裁の承認に関して2019年に公開された統計情報は**図表13-1**のとおりです[1]。

【図表13-1】外国仲裁の承認割合（2019年度）

	割合
承認	47.8%
拒絶	21.7%
その他[※]	30.5%

※主に承認手続進行中の案件と推測されますが、詳細は不明です。

4　紛争リスクを下げる事前対策

　以上のようなベトナム特有の事情から、ベトナムにおける紛争解決については、法的手続までは実施しないと判断されるケースが少なくありません。

　したがって、ベトナムで事業を実施する際には、紛争に発展するリスクを事前にどこまで下げることができるか、という点が重要になります。例えば、取引先の与信調査を入念に実施する、支払いをできるかぎり商品・サービスを受け取ってから行う、逆に、商品・サービスは支払いをすべて受けてから提供する、その他、相手方に対して反対債権を保有しておき、有事には相殺によって未払いが起きないように気を付けるのが一番であるということです。

1　2019年法務省"Independent Expert Report"に基づき作成しました。

コラム

ベトナムにおけるPPP法の概要

　ベトナムのインフラプロジェクトは、主に政府予算によって行われています。国債や地方債を発行することで資金調達しています。政府予算だけでは必要投資額の半分程度しか調達できないため、政府は、官民で連携して国の主要なインフラ整備を進めることを推進しています。

　ベトナム政府が官民連携（Public Private Partnership：PPP）プロジェクトの本格導入に取り組み始めたのは2010年頃からで、2020年に、これまで政令として規定していた関連規則が法律化され、2021年1月1日からPPP法が施行されています。ただし、社会主義国ということもあり、どこまで民間（特に外資）に開放されるか、また法令の適切な運用がなされるかについては、引き続き動向を注視する必要があります。

　PPP法では、投資対象が統一的に整理され、交通運輸、送電・発電、上下水道、ITインフラ等のみに限定されており、契約類型として建設・移転（BT）方式が削除されたこと、事業収益について、建設・運営・移転（BOT）、建設・移転・運営（BTO）、建設・運営・所有（BOO）方式のPPP事業収益が契約で定めた計画の75％を下回った場合、減収分の半分を政府が負担する保証制度（他方、PPP事業収益が計画の125％を上回った場合は、増益分を政府と投資家で折半する）が盛り込まれたこと、PPPプロジェクト契約は必ずベトナム法に準拠することなどが挙げられます。

　参考までに、以下表においてPPP法の"前身"である2018年政令63号との主な相違をご紹介いたします。

【PPP関連法令の概要比較】

	2018年政令63号	2020年PPP法
制定年 施行年	2018年5月4日 2018年6月19日	2020年6月18日 2021年1月1日
「PPP方式の投資」の定義	インフラ施設の建設、改造、運営、経営、管理、公共サービスを提供するために、所管国家機関、投資家、プロジェクト企業とで交わされるプロジェクト契約に基づき実現される投資形式（3条1項）	PPPプロジェクトへの民間投資家の参加を誘致することを目的に、国家と民間投資家の間で締結し、履行するPPPプロジェクト契約を通じた有期の協力に基づき実行される投資形式（3条10項）

対象	a）交通運輸 b）発電所、送電線 c）公共照明システム、上水道システム、排水システム、下水・廃棄物の回収・処理システム、公園、自動車・車両・機械設備の駐車場・置き場、墓地 d）国家機関庁舎、公務用住宅、社会住宅、再定住住宅 d）医療、教育・育成・職業訓練、文化、スポーツ、観光、科学技術・水文・気象、IT応用 e）商業インフラ、都市区・経済区・工業団地・産業クラスター・集中IT区インフラ、ハイテクインフラ、インキュベーション施設、技術施設、中小企業を支援するコワーキングエリア g）農業・農村開発、農業商品の加工・消費を伴う生産連携開発サービス h）首相が決定するその他分野 （4条）	a）交通運輸 b）送電網・発電所（水力発電所、電力法に基づき国が独占するケースを除く） c）利水、上水道、下水道、下水処理、廃棄物処理 d）医療、教育・訓練 d）ITインフラ （4条1項）
PPP事業として認められる投資額	規定なし （公共投資法の規定に基づき、国家重要、A、B、Cグループ分類）	2,000億VND以上 （医療、教育・訓練は1,000億VND以上） （4条2項a, b）
国の参加比率	規定なし	インフラ整備・土地収用での国の資金拠出：総投資額の50% （69条1項、2項）
投資優遇	投資家、プロジェクト企業：法人税優遇 プロジェクト用の輸入品：関税優遇 投資家、プロジェクト企業：土地使用料/賃貸料の減免 投資家、プロジェクト企業：その他法定の優遇（59条）	投資家、プロジェクト企業：土地使用料、土地賃貸等に関する優遇、及び税や土地、投資、その他関連法で定めるその他の優遇（79条）

索　引

さ

ま

や

ら

わ

◆編著者紹介◆

松谷　亮（まつたに　りょう）

【経歴】

　2010年上智大学法学部卒業、2013年中央大学法科大学院卒業、2014年弁護士登録（第二弁護士会所属）、ヤフー株式会社入社、2016年日東電工株式会社入社、2019年弁護士法人 One Asia 入所（ベトナム担当）、2020年神戸大学法学研究科 GMAP 客員教授、2021年 One Asia Lawyers ベトナム事務所代表就任、2022年神戸大学大学院法学研究科非常勤講師。

【主な取扱分野】

　進出、現地子会社管理（コンプライアンス・人事労務）、新規事業開発案件、M&A、取引先との契約交渉、知的財産に関する契約交渉および紛争処理案件を数多く経験しており、特に職務経験のある IT・製造業の法務案件を専門とする。

【主な著書・論文】

　『法務の技法 ［OJT 編］』（共著　中央経済社）、『Q&A　アジア・オセアニアの個人情報保護規制と実務』（共著　中央経済社）、『最新 東南アジア・インドの労働法務』（「ベトナム」執筆　中央経済社）

布井　千博（ぬのい　ちひろ）

【経歴】

　1979年一橋大学法学部卒業、1981年一橋大学法学研究科修士課程修了、1984年一橋大学法学研究科博士課程単位修得、1984年東海大学法学研究所専任講師、1986年東海大学法学部教授、1998年一橋大学大学院国際企業戦略研究科教授（経営法務専攻）、2018年一橋大学大学院法学研究科教授（ビジネスロー専攻）、2020年一橋大学大学院法学研究科特任教授（ビジネスロー専攻）、2021年明倫国際法律事務所弁護士、2023年弁護士法人 One Asia 弁護士、2024年 One Asia Lawyers ベトナム事務所外国弁護士。

【主な取扱分野】

　ベトナム法を中心としたアジアビジネス法、比較会社法、コンプライアンス

【主な著書・論文】

　「EC における M&A の法規制」（国際商事法務）、「ドイツにおける株主団体の組織と活動」（判例時報）、「株主代表訴訟の実態分析」（『会社法制からみた紛争の解決・回避』所収　JFL 叢書）、「会社法制定と基本原則の変容」（別冊金融・商事判例）、『企業の組織・取引と法』（共著　放送大学教育振興会）、「アジアにおける会社法の展望」（『会社法・金融法の新展開』所収　中央経済社）、『基本講座会社法』（新世社）、『会社法』（共著　学陽書房）

◆著者紹介◆

山本　史（やまもと　ふびと）

【経歴】

2001年ハノイ国家大学ベトナム語科留学、2002年ハノイ国家大学ベトナム語科留学を修了、2004年大東文化大学国際関係学部国際文化学科卒業、ベトナム移住、2005年ベトナム現地投資コンサルティング会社入社　ベトナム語翻訳業務に従事、2018年 One Asia Lawyers ベトナム事務所入所。

【主な取扱分野】

　ベトナム語翻訳・通訳、ベトナム現地弁護士と協働した各種法律調査や進出日系企業に対する各種サポート。

【主な著書・論文】

　『Q&A　アジア・オセアニアの個人情報保護規制と実務』（共著　中央経済社）、『最新東南アジア・インドの労働法務』（共著　中央経済社）

藪本　雄登（やぶもと　ゆうと）

【経歴】

　2011年中央大学法学部国際企業関係法学科卒業、One Asia Lawyers Group の前身となる JBM Mekong グループ設立、2020年神戸大学法学研究科 GMAP 客員講師、2024年中央大学客員講師。

【主な取扱分野】

　タイを中心にカンボジア、ラオス、ミャンマー、ベトナムの各国につき、現地弁護士と協働して各種法律調査や進出日系企業に対する各種サポートを行う。

【主な著書・論文】

　『カンボジア進出、展開、撤退の実務』（共著　同文舘出版）、『カンボジアで事業を興す』、『ラオスの進出、展開、撤退の実務』（編著　同文舘出版）、『メコン諸国の不動産法』（共著　大成出版社）、『Q&A　アジア・オセアニアの個人情報保護規制と実務』（共著　中央経済社）、『最新　東南アジア・インドの労働法務』（共著　中央経済社）

◆編者紹介◆

One Asia Lawyers Group／弁護士法人One Asia

One Asia Lawyers Groupは、アジア各国の法律に関するアドバイスを、シームレスに、ワン・ストップで提供するために設立された日本で最初のアジア法務特化型の法律事務所です。

現在は、日本、ASEAN各国（ブルネイを除く）、南アジア、オーストラリア、ニュージーランド、UAEなどの各国での業務経験を積み、各国の法律実務に精通した専門家で構成されています。

アジア各国にオフィス・メンバーファームを構えることにより、日本を含めた各オフィスからアジア各国の法律を一括して提供できる体制を整えています。

One Asia Lawyers ベトナム事務所

One Asia Lawyers ベトナム事務所には、複数の日本人専門家及びベトナム人弁護士が常駐しており、ベトナムに特化した進出法務、M&A、コーポレート・ガバナンス、労務、税務、知的財産、不動産、訴訟・仲裁対応などについて、現地に根付いた最適な法務サービスを提供しています。

免責規定

本書は一般的な参考情報の提供のみを目的に作成されており、法務、会計、税務およびその他専門的なアドバイスを行うものではありません。

One Asia Lawyers Groupは、皆様が本書を利用したことにより被ったいかなる損害についても、一切の責任を負いません。具体的なアドバイスが必要な場合、info@oneasia.legalまで御連絡下さい。

2024年6月20日　初版発行　　　　　　　　　　略称：ベトナム実務

ベトナム進出・展開・撤退の実務
―投資・労働法務、会計税務―

編　者	©　弁護士法人One Asia	
編著者	松谷亮・布井千博	
発行者	中 島 豊 彦	

発行所　同 文 舘 出 版 株 式 会 社
東京都千代田区神田神保町1-41　　　〒101-0051
営業（03）3294-1801　　編集（03）3294-1803
振替 00100-8-42935　　https://www.dobunkan.co.jp

Printed in Japan 2024　　　　　　　　　　製版　一企画
印刷・製本　三美印刷

ISBN978-4-495-21065-6